CW01663753

MARTA HIATT

manuale pratico di

Magia della Mente

TECNICHE PER TRASFORMARE LA VITA

Traduzione dall'inglese
di Maria Concetta Scotto di Santillo

HERMES EDIZIONI - ROMA

Le illustrazioni sono di Tom Gatica

ISBN 88-7938-211-X

Titolo originale dell'opera: *MIND MAGIC* □ © Copyright 2001 by Marta Hiatt, Ph.D./Published by Llewellyn Publications, St. Paul, MN 55164, USA □ Per l'edizione italiana: © Copyright 2002 by Hermes Edizioni, Via Flaminia 109 – 00196 Roma □ Printed in Italy □ S.T.A.R., Via Luigi Arati 12 – 00151 Roma.

Questo libro è dedicato a quelle grandi anime,
qui e nell'Aldidà, che mi hanno ispirata:
Edward L. Crump,
Catherine Calhoun,
e il dottor Thurman Fleet
del Concept-Therapy Institute.

Ringraziamenti

I più sinceri ringraziamenti alla mia curatrice, Dot James, per i suoi preziosi contributi, il suo affettuoso sostegno e le lunghe ore di lavoro passate a migliorare e affinare questo libro. Grazie infinite a Tom Gatica per il suo lavoro creativo nel disegnare le illustrazioni del libro.

Vorrei inoltre esprimere la mia gratitudine a tutti i miei studenti, dai quali ho imparato molto nel corso degli anni, e ai miei pazienti di psicoterapia che, grazie all'osservazione del loro impegno nel combattere e risolvere i loro problemi, mi hanno insegnato molto sui meravigliosi processi della mente umana, e su come vivere una vita realizzata nel "migliore dei mondi possibili".

Che tipo di vita avete in mente?

È il segreto più conosciuto di tutti i tempi: ciascuno crea la propria realtà. Il vostro tipo di vita ha inizio, e prosegue, in base alle immagini e alle convinzioni che si formano nella vostra mente. Quel che ricevete dal mondo è esattamente quel che vi aspettate da esso. Quel che date – o negate – al mondo è il risultato di ciò che credete di essere. Ecco dunque che la chiave per trasformare in meglio la vostra vita consiste nella capacità di cambiare i vostri pensieri e le vostre convinzioni. Più facile a dirsi che a farsi? Sì, se non sapete da dove cominciare o come sbarazzarvi della vostra programmazione negativa.

Manuale pratico di Magia della Mente è stato scritto per aiutarvi a compiere il miracolo della trasformazione della vostra vita mediante il cambiamento di voi stessi. Marta Hiatt, una valente psicoterapeuta, vi fornisce tutta una serie di tecniche facilmente realizzabili, dall'autoipnosi alla visualizzazione guidata, all'autoguarigione. Questi strumenti vi consentiranno di cancellare gli schemi mentali negativi che avvelenano la vostra vita, e di far brillare la vostra luce come dovrebbe. La dottoressa Hiatt spiega inoltre, in un linguaggio chiaro e non troppo tecnico, il *perché* questi metodi sono così efficaci e rivela alcune verità sorprendenti sul ruolo della coscienza nell'universo.

Note sull'Autrice

Marta Hiatt, laureata in Psicologia, è una terapeuta della coppia e della famiglia. Negli ultimi vent'anni, la dottoressa Hiatt ha tenuto diversi seminari nell'area della Baia di San Francisco, insegnando alle persone a diventare più creative e ad affermarsi nella vita, sia personale, sia professionale.

È possibile contattare l'Autrice scrivendole presso la Llewellyn Worldwide. Tutte le lettere verranno inoltrate all'interessata.

Marta Hiatt, Ph.D.
c/o Llewellyn Worldwide
P.O. Box 64383, Dept. 1-56718-339-5
St. Paul, MN 55164-0383, USA

Si prega di accludere un coupon di risposta postale internazionale.

Per ulteriori notizie, visitate il sito www.llewellyn.com.

INDICE

La coscienza dev'essere una parte della natura,
o più in generale, della realtà,
il che significa che, a parte le leggi della fisica
e della chimica dettate dalla teoria dei quanti,
dobbiamo anche considerare delle leggi di tipo
alquanto diverso.

NEILS BHOR, *Physics and Beyond*

PRIMA PARTE

EVOLUZIONE DELLA COSCIENZA

INTRODUZIONE

La più grande scoperta di questa generazione è che gli esseri umani possono cambiare la propria vita mutando il proprio atteggiamento mentale.

ALBERT SCHWEITZER

Come psicoterapeuta privata, ogni giorno incontro molte persone che si rovinano la vita perché usano male le proprie emozioni. Ma queste stesse persone riescono a dare una svolta definitiva alla propria vita, grazie al contatto con il prodigioso potere che è dentro di loro, utilizzandolo in modo costruttivo.

La più grande forza del mondo risiede nella vostra testa. Si chiama mente subconscia. La capacità di programmare correttamente quest'incredibile forza dentro di voi può trasformare la vostra personalità e operare miracoli nella vostra vita. La conoscenza delle dinamiche della mente subconscia può donarvi salute eccellente, prosperità economica, fiducia in voi stessi, serenità di mente, relazioni interpersonali appaganti, e qualunque altra cosa desideriate. Inoltre può aiutarvi a superare quei concetti negativi che creano stati d'ansia, depressione, povertà, salute cagionevole, e mancanza di amici o di compagni. Nel regno del subconscio, esiste una *forza vitale* che può sostenervi e guidare la vostra vita, se solo imparerete ad ascoltarla, a seguire le sue leggi e a programmarla correttamente. Usato in modo errato o inconsapevole, questo stesso eccezionale potere può causarvi un'esistenza infernale. Tutto dipende dalla vostra capacità di deprogrammarlo dai concetti negativi che altri vi hanno inculcato, e di riprogrammarlo su concetti positivi.

Se volete sapere cosa state chiedendo, date un'occhiata a cosa avete ricevuto!

Tutti noi determiniamo l'indirizzo della nostra vita, ma la maggior parte di noi lo fa in maniera inconscia, e le conseguenze spesso sono disastrose. In generale, siamo noi che creiamo la nostra realtà, e siamo responsabili di ciò che attiriamo nella nostra vita mediante il nostro modo di pensare. Usando la vostra mente in maniera costruttiva, potrete risvegliare i potenziali dormienti dentro di voi, cambiare gli atteggiamenti sbagliati, superare i condizionamenti negativi del vostro passato, e accrescere la vostra creatività e la fiducia in voi stessi.

Richard, un biochimico che ho avuto come paziente qualche anno fa, rappresenta un ottimo esempio di come possiamo usare il potere della nostra mente subconscia per crearci una vita migliore. Richard si era rivolto a me per una serie di problemi personali che lo opprimevano. In particolare era preoccupato perché stava cercando un lavoro da oltre un mese senza riuscire a trovarlo. Era altamente qualificato, con un dottorato in chimica, ma il suo atteggiamento avvilito gli impediva di trovare la posizione che tanto desiderava. Era cresciuto in una famiglia povera e aveva lavorato per mantenersi al college, ma i suoi genitori avevano una "coscienza della povertà" ed erano convinti che nemmeno una laurea potesse servire più di tanto. Richard aveva assimilato questa idea negativa nel suo subconscio.

Io gli insegnai a fare "affermazioni economiche", una tecnica che avevo appreso da Leonard Orr, istruttore di "Coscienza della Prosperità" nei seminari a San Francisco. Poiché Richard era un intellettuale e uno scienziato, sulle prime pensò che dovessi essere un po' matta a suggerirgli che scrivere delle affermazioni lo avrebbe portato a ottenere il tipo di lavoro che voleva, e con uno stipendio maggiore. Tuttavia, pure a malincuore, seguì i miei suggerimenti, restando stupito dai risultati. Dopo tre settimane trovò un lavoro con uno stipendio favoloso, più un rimborso spese e una macchina aziendale.

Un'altra paziente, Nancy, una divorziata di cinquantatré anni, stava cercando da tre anni di trovare un uomo con cui condividere i suoi ultimi anni. Dopo due matrimoni fallimentari, uno durato venticinque anni e l'altro solo un anno e mezzo, sentiva di essere troppo vecchia per attirare il genere di uomo che desiderava. Tre anni di vani tentativi di colmare la sua solitudine avevano debilitato la sua autostima già vacillante, e venne da me in uno stato di grave depressione. Dopo qualche mese di lavoro con i metodi per accrescere la sua autostima, insegnai a Nancy ad usare il potere della sua mente subconscia per attirare un compagno adeguato. Per alcuni mesi applicò diligentemente questi princìpi, e cominciò a ricevere telefonate da uomini che aveva conosciuto in passato, e ne conobbe di nuovi attraverso gli amici che avevano preso a invitarla in società. Dopo un anno, ricevetti una sua lettera; si era trasferita a New York con il suo nuovo marito ed era al settimo cielo, avendo finalmente trovato quello che aveva cercato per tanto tempo.

Quando avevo ventun anni, m'iscrissi a un corso intitolato "Terapia del concetto". All'epoca vivevo a Toronto, Canada, ed ero una ragazza timida, impacciata, sempre un po' malaticcia, per niente convinta delle mie capacità. Riuscii a completare il corso, ma mi ci vollero tre anni per trovare il coraggio di iscrivermi agli incontri paralleli del gruppo di studio. La prima volta che partecipai a un incontro, c'erano soltanto altre cinque persone presenti. Ma anche così, quando il libro di testo passò di mano in mano perché ciascuno di noi leggesse un paragrafo a voce alta, mi rifiutai di farlo per timidezza e lo passai alla persona accanto a me.

Imparando sempre più cose sul potere della mente, decisi di cercare di immaginarmi più sicura di me. Mi sedevo ogni giorno, mattina e sera, per circa dieci minuti, e concentravo tutte le mie energie nel visualizzare me stessa in piedi davanti a un gruppo di persone, rilassata, perfettamente a mio agio, che parlavo spigliata e sicura. Il primo passo fu quello di applicare al corpo quel senso di sicurezza, cosa alquanto difficile, perché non l'avevo mai sperimentato prima. Pensai che se fossi stata una donna sicura di sé, probabilmente avrei tenuto la testa alta, le spalle dritte, e avrei guardato gli altri negli occhi. Giravo per il mio appartamento *comportandomi come se* avessi una gran fiducia in me stessa.

Un mese dopo aver cominciato questo tipo di esercizio, il leader del gruppo di studio mi chiese di presentare l'oratore del prossimo incontro, una riunione cui avrebbe partecipato una trentina di persone. Dato che mi ero ripromessa di non rifiutare più un invito a parlare, accettai nervosamente, sentendomi battere il cuore a mille mentre dicevo: "Okay". Un mese più tardi, dopo essermi esercitata ogni giorno con la visualizzazione, ci riuscii! Ero nervosa, d'accordo, ma non crollai; non persi la voce, né mi sentii girare la testa, né mi capitò alcuno dei disastri che avevo temuto in passato. Galvanizzata dal mio successo iniziale, continuai a visualizzarmi come sicura di me. Otto anni dopo, quando mi trasferii dal Canada in California, avevo sconfitto il mio complesso d'inferiorità a un punto tale che adesso tengo conferenze davanti a centinaia di persone.

Sempre più persone apprendono – come io per fortuna feci da giovane – i metodi per indirizzare lo straordinario potere della mente subconscia. L'astronauta capitano Edgar Mitchell dichiarò una volta: "Il semplice segreto dell'universo è che ciascuno crea la propria realtà!".

Se capite il profondo significato delle sagge parole del capitano Mitchell, potrete cambiare drasticamente la vostra vita. Il mio obiettivo è quello di mostrarvi una serie di tecniche da impiegare per sfruttare al meglio il vostro potenziale, e diventare persone affermate, felici e prospere. Ciascuno di noi ha dei poteri e delle capacità mentali latenti. Possiamo risvegliarli mediante metodi convalidati che ci aiutano a entrare in contatto con il Grande Potere dentro di noi. Queste tecniche non sono affatto nuove; sono state ampiamente documentate dai ricercatori New Age, come anche testimoniate nella vita di uomini e donne di successo che hanno imparato ad attingere alla fonte del potere interiore della mente subconscia. Potete unirvi a loro; basta che impariate e applichiate le tecniche di trasformazione che vi indicherò.

Al contrario di molti libri che s'incentrano su una singola tecnica per migliorare la propria vita, questo libro vi presenta una varietà di metodi comprovati e al tempo stesso vi spiega *perché* e *come* queste tecniche funzionano.

Il volume si divide in due parti. La Prima Parte è uno studio della natura della coscienza, e di come funziona la mente umana. Per usare le tecniche di trasformazione in maniera più efficace, dovete innanzi tutto capire la natura di quel misterioso "qualcosa" che chiamiamo *coscienza*, che permea ogni esistenza. Questa parte illustra, in un linguaggio semplice e non tecnico, perché il potere della mente è così efficace nel produrre cambiamenti nella vita. Invece di chiedervi di basarvi solo sulla fede nell'impiego di questi metodi, vi vengono forniti dati provenienti dai campi della psicologia, della filosofia e della parapsicologia, per dimostrarvi come funziona la mente e come la coscienza si esprime nel genere umano come la forza vitale che sta dietro tutti i pensieri e le azioni.

La Seconda Parte è un manuale pratico per indicarvi come applicare la teoria spiegata nella Prima Parte, e comprende visualizzazioni guidate, tecniche di autoguarigione, affermazioni per attirare amore e prosperità, e metodi per l'induzione dell'autoipnosi.

Se il lettore non è interessato alla discussione filosofica presentata nella Prima Parte, potrà saltare questa sezione e cominciare a usare le tecniche esposte nella Seconda Parte.

1. GLI ATTRIBUTI DELLA COSCIENZA

> Oggigiorno c'è una larga maggioranza di consenso,
> che nell'ambito fisico della scienza raggiunge quasi l'unanimità,
> sul fatto che il flusso delle conoscenze
> si sta dirigendo verso una realtà non-meccanica.
> L'universo sta cominciando a essere considerato
> più come un grande pensiero che come una grande macchina.
>
> WERNER HEISENBURG, *Physics and Beyond*

Per utilizzare le tecniche di trasformazione nella maniera più efficace, è preferibile prima capire la natura della coscienza. Per comprendere appieno chi siamo nel mondo, dobbiamo cercare di capire questo misterioso "qualcosa" che chiamiamo coscienza, che anima tutte le forme di vita. Poiché il processo ha avuto inizio molto tempo fa nella nostra storia biologica, osserveremo come la coscienza si è espressa dalla sua prima manifestazione nel mondo della materia, fino al completo sviluppo dell'essere umano.

Cominciamo con un breve sguardo alla fase atomica e subatomica della creazione, perché è fin qui che possiamo risalire per determinare cosa questo Potere Creativo, che si manifesta in ogni forma di vita, ha fatto nel corso della sua lunga evoluzione. Per capire la nostra stessa natura, dobbiamo tornare alle nostre origini ed esaminare il regolare processo della creazione. Esamineremo molti campi che hanno trattato l'argomento: teologia e scienza, tra cui biologia evolutiva, psicologia e filosofia, dato che queste discipline ci hanno fornito tutte le informazioni che abbiamo su noi stessi come esseri viventi nell'universo.

Cos'è la coscienza?

Nessuno sa in realtà cos'è la coscienza, ma ne conosciamo il principale attributo, che è *la capacità di ricevere e rispondere alle impressioni date da stimoli esterni*. Quindi la coscienza, in termini cosmici, è uno stato di riconoscimento o di reattività, non importa quanto minimo, e questa capacità esiste persino in un piccolo elettrone.

All'interno dell'atomo, la coscienza si manifesta nella semplice forma d'attrazione e repulsione. Quando due elettroni (particelle negative) entrano in prossimità, cercano di respingersi reciprocamente; questo è un fattore di riconoscimento, un tipo di "conoscenza conscia" a livello molto primitivo. Eppure non c'è un cervello o un sistema nervoso a registrare queste impressioni; la cosa succede senza alcun meccanismo fisico. Questo suggerisce quindi che gli elettroni possiedono un attributo della coscienza, un tipo di *ricettività* in forma molto elementare. Le particelle simili si respingono, e si forma un campo laddove tentano di allontanarsi l'una dall'altra. Come fanno a riconoscere che l'altra particella è positiva o negativa senza alcuna struttura sensoriale che registri queste impressioni? Postuliamo che gli elettroni abbiano una "coscienza" a livello minimo.

Se la coscienza è presente in ogni atomo, e gli atomi sono presenti in ogni cellula, ne consegue che la coscienza è presente in tutto il corpo umano. Questo è quel che intendiamo quando diciamo "siamo vivi": questa coscienza scorre in noi e ci sostiene. *La coscienza è l'unica e sola realtà dell'universo*, che si manifesta in diverse forme. Possiamo quindi concludere che la coscienza è all'interno di tutte le forme di materia, dalle particelle sub-microscopiche dell'energia, agli esseri umani.

L'universo o è cominciato con queste particelle subatomiche che fluttuavano nello spazio esterno, oppure sono state sempre presenti. Nessuno lo sa. Ma quel che sappiamo è che, gradualmente, in eoni di tempo, hanno cominciato a raggrupparsi e, come risultato, hanno dato luogo all'universo fisico. È logico affermare che questo non sia successo di punto in bianco a causa di un gigantesco incidente cosmico, come alcuni scienziati hanno supposto, ma che questo Potere Creativo all'interno delle particelle elettriche abbia avuto una sorta di piano d'operazioni per la costruzione dell'universo, perché intorno a noi vediamo ordine e armonia: una simmetria e un disegno che nessun incidente avrebbe potuto produrre. Da ciò si deduce che l'universo materiale è il risultato di un'*immagine* proiettata da questo Potere Creativo, qualunque cosa sia. Un'immagine che è divenuta visibile e che quindi è una manifestazione della coscienza. In uno dei capitoli successivi, parleremo di come usare questo attributo per realizzare cambiamenti nella vostra vita attraverso la visualizzazione mentale, una tecnica di trasformazione.

La nostra ipotesi, quindi, è che esiste una forza creativa, che chiamiamo coscienza, che ha fatto evolvere l'universo naturale da sé, e che è l'energia vitale che mantiene e sostiene l'esistenza di tutte le cose.

Data questa premessa, esaminiamo brevemente la natura di questa forza quando si manifesta nell'universo, in modo da scoprire alcuni dei suoi altri

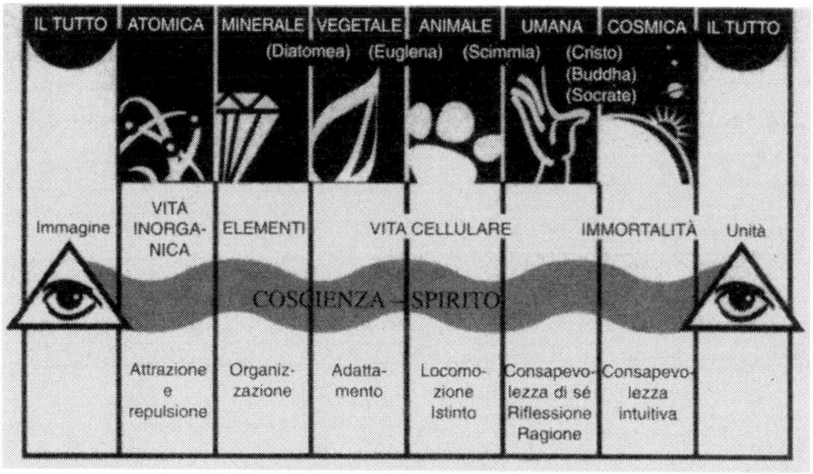

Figura 1. L'evoluzione della coscienza

attributi. A tale scopo, analizzeremo progressivamente l'evoluzione della coscienza così come descritta nel diagramma seguente.

La coscienza nel regno atomico

La scienza afferma che, in principio, se c'è stato un principio, esistevano soltanto particelle elettriche e subatomiche. Gli scienziati non affermano né negano l'esistenza di Dio, ma sostengono semplicemente che, dato che Dio non può essere analizzato, testato o misurato con strumenti fisici, non è un soggetto adatto a uno studio di analisi scientifica. Perciò la scienza ignora la questione del Potere Creativo proponendoci la teoria delle particelle subatomiche come punto d'inizio di tutta la creazione, e dichiara che più in là non si può andare.

Se ci rivolgiamo alla teologia per delle risposte sull'inizio della creazione, ci viene detto che ogni cosa procede dalla Causa Prima, Dio. La teologia insegna che c'è stato un preciso inizio storico dell'universo, che Dio esiste e che quest'Essere ha creato il mondo. I teologi affermano che questa teoria non ha bisogno di prove in quanto la prova consiste nel semplice fatto che l'universo è qui e che, dato che le nostre menti non possono concepire qualcosa che sia stato creato dal nulla, dev'essere stato Dio a crearlo. Certo, tutte le nostre esperienze sulla terra ci indicano che ogni effetto ha sempre una causa antecedente. Sembra quindi logico che qualcosa abbia dovuto mettere in moto questo processo cosmologico, e che qualcosa continui a mantenerlo. La questione di *cosa* sia questo qualcosa però pone un altro dilemma.

Nel ricostruire mentalmente l'inizio dell'universo, gli scienziati ipotizzano che al principio non ci fosse altro che spazio infinito, anche se il "nulla" è un concetto difficile da afferrare per le nostre menti.

A un certo punto, lo spazio si riempì di innumerevoli particelle elettriche che alla fine si raggrupparono in atomi, e poi in molecole di materia. Quindi la domanda è: "Quale Grande Intelligenza ha dato il via eoni fa a questo processo che alla fine ha formato l'universo, e cosa lo sostiene nelle sue funzioni?". Al nostro attuale stato di conoscenze, possiamo dare soltanto una risposta: la coscienza. Questo è il punto di partenza per tutto.

La coscienza nel regno minerale

Il grande scrittore politico americano Thomas Paine scrisse: "L'unica prova che si riuscirà mai ad avere del Potere Creativo è attraverso lo studio della natura". Ed è da qui che cominceremo per capire questa coscienza intrinseca a tutte le forme di vita. Se iniziamo dalla fase minerale, il livello più basso del *continuum* evolutivo, scopriamo un altro attributo della coscienza: ciascun minerale è cristallizzato secondo un'immagine o uno schema definito. Per esempio, miliardi di miliardi di fiocchi di neve cadono sulla terra ogni anno; hanno tutti sei punte, eppure non ce ne sono due che siano uguali. Qualunque sia questo potere, certo non manca di creatività!

Ci sono molti tipi diversi di cristalli, ma la particolare forma che ciascuno assumerà è insita nella sua struttura atomica. Lo schema di un cristallo di quarzo, per esempio, è un'idea base, un'*immagine* in natura che si ripete infinite volte.

Proprio come il disegno, o immagine, della quercia è contenuto nella piccola ghianda, e l'immagine dell'essere umano è contenuta nei microscopici filamenti di DNA dell'uovo fecondato nell'utero materno. Quando siete ancora talmente piccoli che ci vuole un microscopio elettronico per trovarvi, lo schema, o immagine, del colore dei vostri occhi, dello spessore dei vostri capelli, della struttura delle vostre ossa, e di tutte le altre caratteristiche fisiche, è già stato stabilito. Come cercheremo di mostrarvi, anche il Piano Divino per le nostre vite è già incorporato in quello schema, e tocca a voi scoprirlo con l'introspezione e la meditazione.

Naturalmente sorge una domanda: da dove ha avuto origine lo schema base per un cristallo di quarzo, per una quercia o per un essere umano? Per qualunque persona pensante è evidente che un qualche tipo di forza intelligente (coscienza) deve aver cominciato con un'immagine, che alla fine si è manifestata in una particolare forma.

Il primo principio di tutta la creazione è che tutto comincia con un progetto, o immagine. Se doveste costruire una casa, naturalmente partireste da un progetto, da un disegno. La stessa cosa vale per la vita, ma sono pochissime le persone che si rendono conto della necessità di avere un progetto definito per la propria vita. Di conseguenza, si limitano a vagare senza sapere dove andare, o perché. Oggigiorno si leggono spesso sui giornali articoli inquietanti che affermano che la generazione del *baby boom* non sta risparmiando abbastanza denaro per la pensione, e che probabilmente molti dovranno continuare a lavorare oltre i sessantacinque anni. Se per qualcuno questa prospettiva diventerà realtà, la causa sarà da imputare alla mancanza di un piano. Non importa cosa desiderate ottenere; dovete cominciare con un'immagine chiara del vostro obiettivo, e più perfetta è l'idea, più perfetta sarà la vostra creazione. Analogamente, più confusa la vostra idea, più confuso sarà il risultato.

La coscienza nel regno vegetale

Percorrendo il cammino evolutivo della creazione fino allo stadio successivo, il regno vegetale, scopriamo che anche le piante hanno un livello minimo di coscienza. Una dimostrazione di ciò consiste nella fotosintesi. Questo processo, in cui le piante si fabbricano il nutrimento mediante la luce solare, indica che c'è un'intelligenza vitale all'interno dell'organismo.

La coscienza è la realtà fondamentale di tutta la vita, ma si manifesta in vari gradi, con diversi attributi. La coscienza di una rosa non è diversa da quella che si manifesta come corrente elettrica che passa in un interruttore; la coscienza nella materia inanimata, inorganica, o in un essere umano, è diversa solo per grado da quella della corrente elettrica. La coscienza è l'unica e sola realtà, come tipo, ma si esprime in molteplici gradi. Le ricerche documentate in *The Secret Power of Plants* di Brett Bolton, dimostrano che le piante hanno una coscienza cellulare e che possono in qualche modo sintonizzarsi con tutte le forme di vita. Nel suo libro, Bolton parla di Cleve Backster, un esperto poligrafo di New York, ex collaboratore della CIA, che pubblicò un articolo sull'*International Journal of Parapsychology*, intitolato "Prove di una percezione primaria nella vita vegetale". Usando la macchina della verità aveva scoperto che le piante registravano ansia, paura, piacere e sollievo. Reagivano alle aperte minacce al loro benessere ed erano decisamente sensibili agli altri esseri viventi. Le scoperte di Backster sembrano indicare che le piante hanno delle sensazioni e una sorta di sistema di comunicazione telepatica con le altre forme di vita. In un esperimento, Backster attaccò le sue piante d'appartamento alla macchina prima di lasciare la città, prendendo poi nota delle proprie attività. Nel confrontare i suoi appunti con i grafici, scoprì che la maggiore risposta emotiva delle piante si era verificata quando lui aveva deciso di tornare a casa. Inoltre le piante avevano mostrato quella che negli umani verrebbe considerata agitazione, quando lui era stato quasi investito da un'auto. Negli esperimenti mirati a scoprire se le piante reagiscono alle minacce al proprio benessere, decise di bruciare una foglia con un fiammifero. Nell'istante in cui pensò di accendere il fiammifero, ci furono drastici cambiamenti nel grafico. L'ago impazzì e schizzò quasi fuori dal foglio! Altri esperimenti hanno dimostrato che le piante crescono più forti e rigogliose quando sono esposte alla musica classica, rispetto all'hard rock.

Nella fase vegetale della creazione, assistiamo per la prima volta alla *vita cellulare*, un progresso molto significativo nella coscienza. Una delle principali caratteristiche delle piante, che non si ritrova nella materia inorganica come la roccia, è la capacità di adattamento. Per esempio, una piccola felce riuscirà a trovare la strada nel cemento o nell'asfalto se costretta. Mi sorprendo sempre quando vedo le erbacce che spuntano nelle sottili fenditure del mio vialetto. Un giorno andai a prendere delle patate che avevo conservato in cantina, e scoprii che erano riuscite in qualche modo a individuare uno spiraglio di luce che veniva da una finestrella, dirigendo i propri germogli verso di essa. Un delicato alberello si adatterà alle raffiche di vento di una tempesta piegando i rami, altrimenti verrebbe sradicato. La talea di certe piante, tipo il geranio, se ripiantata, si adatterà alla sua nuova situazione e svilupperà cellule radicali specializzate laddove prima non ce n'erano. Questo è un grado molto elevato di adattamento, e lo stesso principio vale anche per gli esseri umani.

Maggiore è la capacità di adattamento, superiore è la coscienza all'interno di una forma. L'organismo che sopravvive è sempre quello che possiede la capacità di adattarsi all'ambiente circostante. Il principio di Darwin della "sopravvivenza del migliore" non significa del più grande o del più forte; altrimenti ci sarebbero ancora i dinosauri a scorrazzare per il pianeta. L'organismo che sopravvive è quello con la maggiore capacità di adattamento. Purtroppo sappiamo tutti che le blatte ricadono in questa categoria, e che sopravvivono da milioni di anni.

Gli esseri umani si sono adattati in modo straordinario all'ambiente naturale, vincendo il freddo, la pioggia e il caldo, aprendosi varchi nelle montagne per costruirsi delle case, colonizzando deserti, foreste e coste, estraendo petrolio e gas dalla terra, e imbrigliando l'energia nucleare. Purtroppo, molti umani non hanno sviluppato questo stesso attributo nella propria vita individuale; oppongono resistenza alle circostanze e si irrigidiscono di fronte alla vita. Le persone nevrotiche, per esempio, hanno un modo di reagire a ogni situazione tipicamente inflessibile. Non riescono a deviare dai loro rigidi schemi, e quindi vengono sconfitte dalla loro incapacità di adattarsi e di escogitare modi più efficaci per rispondere agli eventi. Una signora che conosco, che faceva la segretaria, un giorno arrivò in ufficio e trovò che la sua macchina da scrivere IBM Selectric era stata rimpiazzata da un computer. Nel computer era stato installato un programma per insegnarle a lavorare con i diversi software.

Guardò il manuale d'istruzioni e si paralizzò alla scrivania. Perché doveva imparare a lavorare al computer quando la sua macchina da scrivere era andata benissimo per tutti quegli anni? A causa della sua resistenza all'adattamento, perse il posto di lavoro.

Qualche tempo fa, un mio vicino venne promosso vice-presidente, ma poi si rese conto che era troppo ansioso per parlare davanti agli altri membri del consiglio, per cui rinunciò. Questi schemi nevrotici rivelano l'incapacità di adattarsi a circostanze mutevoli, che provoca spesso una malattia vera e propria. Nel suo libro *Who Gets Sick: Thinking and Health*, il dottor Blair Justice afferma: "Le malattie o le disfunzioni del corpo sono un modo per dire che non siamo riusciti ad adattarci, adeguarci o cambiare per rispondere a una situazione, e che questa incapacità ci è costata un problema fisico o mentale".

L'attributo dell'*adattabilità* è caratteristico della persona matura, psicologicamente sana. In effetti, potremmo dire che la rigidità corrisponde alla patologia, e che l'elasticità corrisponde alla salute, sia nella sfera fisica sia mentale. In questo mondo frenetico e stressante, coloro che sopravvivono senza andare in pezzi sono le persone in grado di compiere gli opportuni adattamenti ai cambiamenti introdotti dalla tecnologia sempre più sofisticata. Se una persona si oppone rigidamente e di continuo ai cambiamenti, verrà sopraffatta dalla vita, così come un albero che non si piega verrà abbattuto dal vento. Ci sono delle persone che dedicano tutta la vita a combattere i politici, le istituzioni, gli anti-ambientalisti, gli ambientalisti, lo *status quo*, o eventuali cambiamenti dello *status quo*, e così via. Sebbene ogni società abbia bisogno di attivisti affinché le persone al potere rimangano oneste, quelli che passano tutto il tempo a combattere i cambiamenti, invece di adattarsi almeno ad alcuni, condurranno una vita molto insoddisfacente.

Per quanto la coscienza si esprima in varie forme, non esiste in realtà una precisa linea di demarcazione tra le diverse fasi della creazione: è una trasformazione graduale che progredisce a mano a mano che la coscienza si esprime attraverso modelli più elevati e complessi. Un esempio di questa graduale transizione è l'euglena, una pianta verde acquatica che si fabbrica il nutrimento grazie alla fotosintesi, come fanno normalmente le piante. Ma quando l'euglena si trova al buio, la colorazione verde scompare temporaneamente, e la pianta si sposta nell'acqua movendo una piccola coda, chiamata flagello, e nutrendosi di batteri. La locomozione e la digestione di materia animale sono caratteristiche della successiva fase della creazione, il regno animale, per cui potremmo dire che l'euglena è "l'anello di congiunzione" tra il regno vegetale e quello animale.

La coscienza nel regno animale

Come sa bene chiunque ami gli animali, questi ultimi sono in grado di compiere atti davvero stupefacenti, anche se non possiedono la capacità di ragionamento completamente sviluppata degli umani. La coscienza si esprime in questa fase del *continuum* evolutivo soprattutto nell'istinto. L'istinto nel regno animale rappresenta una guida straordinaria. Spinge l'anatra selvatica a sentire l'approssimarsi dell'inverno e a volare a migliaia di chilometri di distanza dal suo habitat per raggiungere un lago in un clima più temperato, lo stesso preciso lago verso cui volarono i suoi predecessori l'anno prima, e l'anno prima ancora, e così all'infinito.

È l'istinto che dice alla piccola gatta che sono le cinque e mezzo del pomeriggio, e che voi state per entrare nel vialetto da un momento all'altro. Anche se non sa leggere l'ora, ha un proprio orologio interno che la fa scattare verso la porta d'ingresso quando voi non siete che a un paio di isolati di distanza. Inoltre sa che non sarete in casa quel giorno in cui appoggerà la zampa sulla maniglia del frigorifero, l'aprirà e butterà per terra del cibo. Ma assumerà istintivamente un'espressione colpevole che vi farà capire subito che si è comportata male.

Un'ape non può volare, secondo le leggi dell'aerodinamica, perché il suo corpo è troppo massiccio per le sue fragili ali. Per fortuna l'ape questo non lo sa, e così ronza di fiore in fiore, guidata esclusivamente dall'istinto. Ancor più eccezionale è la capacità di alcuni crostacei ed echinodermi, come l'aragosta o la stella marina, guidati dall'istinto, di sviluppare un nuovo arto quando ne perdono uno.

Anche se l'istinto è una guida perfetta per un animale, non può essere tuttavia migliorato, per cui un animale è vincolato da ciò che già sa; deve continuare a compiere le stesse azioni nello stesso modo, così come i suoi antenati hanno fatto per secoli. Ma gli umani non sono destinati a questo comportamento ripetitivo. Oltre all'istinto, noi umani possediamo la più alta qualità che la coscienza manifesta, la *consapevolezza di sé*.

La coscienza nel regno umano

La consapevolezza di sé, o pensiero riflessivo, è il principale attributo che distingue gli umani dagli animali. È la coscienza che ci consente di riflettere e di osservarci. La riflessione è il potere di rivolgere la propria consapevolezza su di sé, di conoscersi e, soprattutto, di *sapere di sapere*. Gli umani sono le uniche creature nell'universo che possono essere l'oggetto della propria riflessione e, per questo, nasce un nuovo mondo: un mondo interiore, una realtà di cui nessun animale inferiore può essere partecipe. Incapace di contemplare se stesso, o di essere consapevole di se stesso come soggetto conscio, nemmeno un animale di grado superiore, come un cane o un gatto, che sa chi è il suo padrone e dov'è il cibo, può sapere di sapere. Di conseguenza, non ha accesso a un intero dominio dove il genere umano si muove liberamente. La fisica, la filosofia, la matematica e l'astronomia, per esempio, sono tutti sistemi ideati dall'uomo grazie alla sua unica capacità di riflettere. Per merito di questo nuovo attributo, la *consapevolezza di sé*, noi umani possediamo un'estesa gamma di altre capacità: il ragionamento astratto, la libera volontà, la creatività, la prospettiva per progetti futuri, e molte altre.

Essere consapevoli di sé è una capacità di inestimabile valore. Dato che questo è l'attributo tipicamente umano, più uno è consapevole, più è sviluppato come essere umano. La nostra cultura, tuttavia, tende a ridurre questa consapevolezza di sé, invece di espanderla. Spesso teniamo il televisore acceso la mattina, mentre ci prepariamo per andare al lavoro, e in questo modo rivolgiamo la nostra consapevolezza all'esterno; ascoltiamo la radio mentre stiamo in macchina, o magari sentiamo la nostra stessa voce che parla al cellulare; il lavoro ci prende per almeno otto ore al giorno. Poi, quando torniamo a casa, spesso riaccendiamo il televisore, o leggiamo il giornale. In tutto questo, non abbiamo quasi tempo per l'autoriflessione, per la contemplazione o per collegarci con il nostro io interiore. Sebbene siamo gli unici ad avere questo dono – la consapevolezza di sé – non lo sfruttiamo appieno. Anzi, spesso lo sopprimiamo e agiamo come automi, in uno stato di semi-trance. Tutti i grandi mistici e leader spirituali ci hanno sempre messo in guardia sul nostro stato di "torpore", e il nostro grande compito nella vita è quello di risvegliarci e diventare pienamente consci.

La coscienza avanzata, quindi, si misura con la consapevolezza di sé, la capacità di pensare interiormente, di riflettere su se stessi, di contemplare la propria natura interiore. Se questa è l'indicazione di una coscienza superiore, ne consegue che *maggiore è la capacità di autoriflessione e consapevolezza di sé, più avanzata sarà la coscienza*, o più evoluta l'anima. Persone altamente evolute, come Socrate, Thomas Meron o Maya Angelou, per esempio, hanno dedicato molto tempo alla contemplazione interiore per entrare in contatto con il proprio io interiore. Se esaminiamo la vita di tutti i grandi pensatori, scopriamo che ogni giorno dedicavano del tempo alla riflessione interiore, che è la via più diretta per la coscienza superiore. Se volete sapere chi siete davvero, dovete soffermarvi spesso a riflettere su voi stessi. L'importanza di tale contemplazione e della meditazione verrà discussa più ampiamente nel Capitolo 8.

Dato che gli animali possiedono la *semplice* coscienza e non la consapevolezza di *sé*, la loro coscienza è sempre diretta verso l'esterno, verso scopi quali la ricerca del cibo, l'accoppiamento, la fuga dai nemici, ecc. Tuttavia, anche nel meno evoluto degli esseri umani, per esempio i primitivi boscimani, c'è sempre almeno un debole grado di coscienza diretta verso l'interno, o pensiero riflessivo. Gli umani possono razionalizzare, concettualizzare e analizzare le esperienze e confrontarle con quelle precedenti. L'*homo sapiens*, la più meravigliosa forma di vita nell'universo e il culmine della creazione, si è evoluto dal piano animale della coscienza semplice a quello della coscienza di sé. Non c'è che un'unica realtà, ed è la coscienza. La coscienza è onnicomprensiva, ma si esprime in vari gradi. La sua più alta espressione sulla terra è che noi possiamo dire: "Io sono".

In quest'ampio processo evolutivo, possiamo vedere che la coscienza si espande attraverso il perfezionamento di sistemi nervosi complessi ed efficienti e, soprattutto, nella formazione e nello sviluppo del cervello umano. Il nostro cervello, altamente perfezionato, è il centro della coscienza, e la coscienza è il cuore dell'evoluzione; è la forza creativa stessa, poiché ogni essere umano è la "coscienza espressa". La coscienza è l'unica e sola realtà dell'universo, e si manifesta in diverse forme.

Ci sono tre livelli o tipi di coscienza (Figura 2). Questa è la struttura dell'universo: vari *gradi* di sviluppo, o coscienza, alto, basso e intermedio. Un neonato umano inizia la sua esistenza sul limite tra la coscienza umana e quella animale. Ha il potenziale per la consapevolezza di sé e il pensiero riflessivo, ma queste sono qualità non ancora sviluppate. A un certo punto della maturazione del bambino, intorno ai due anni di età, egli diventa consapevole di sé come entità separata, e da qui nasce il senso d'individualità. Il bambino si umanizza e sviluppa la consapevolezza di *sé*.

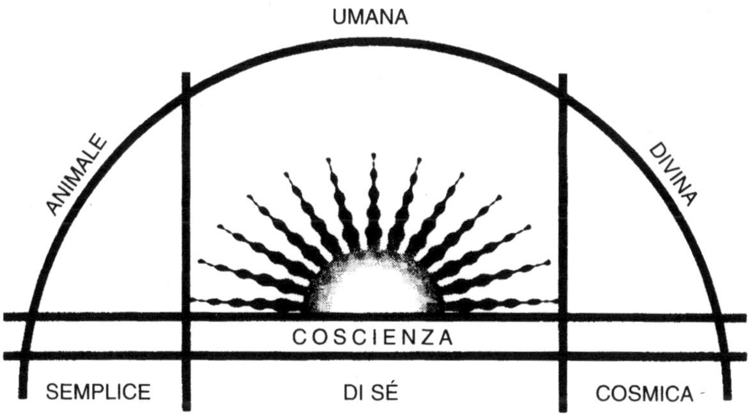

Figura 2. I gradi della coscienza

Gli umani sono sospesi tra la fase animale e quella divina della creazione, ma hanno la capacità di raggiungere livelli superiori di coscienza. La più grande conquista dell'umanità è il trionfo della razionalità: la capacità di ragionare e agire razionalmente, di creare la scienza, la filosofia e la tecnologia, e di progettare il futuro. Il problema dell'evoluzione umana è che non abbiamo ancora imparato a usare il nostro dono, il pensiero razionale, in modo saggio. Non abbiamo ancora imparato a ragionare correttamente, e a gestire le nostre emozioni in modo costruttivo. In psicologia, filosofia e teologia – i tre sistemi che dovrebbero insegnarci a vivere – esistono ancora tante contraddizioni, tanti conflitti e tanta confusione. Ciascuno di noi è sulla terra con uno scopo, che è quello di evolvere la coscienza a un livello più elevato mentre si trova su questo pianeta, affinché il Potere Creativo possa trovare una più alta espressione in ogni forma individuale. Alcuni si dirigono verso questa più alta espressione, ma, purtroppo, molti altri in realtà regrediscono e diventano più animaleschi di qualunque bestia.

Nello sviluppare la consapevolezza di sé, l'uomo non ha ancora raggiunto la meta finale, perché il nostro destino di esseri umani è di continuare a evolverci verso la *consapevolezza cosmica*. Proprio come l'umanità è progredita nell'evoluzione biologica attraverso l'evoluzione neurale e culturale, dobbiamo adesso impegnarci nel processo di evoluzione delle nostre coscienze individuali. Ricordate che la divisione tra una fase e l'altra dell'evoluzione non è mai rigidamente definita. Il disegno è solo un modello per dimostrare che c'è un *continuum* di coscienza, e che l'insieme completo è latente in ognuno di noi, come parte del nostro patrimonio ereditario.

Nel corso delle ère, possiamo vedere come questo Potere Creativo ha plasmato la materia e la coscienza affinché entrambe possano diventare espressioni più perfette della coscienza spirituale. Essa si trova in uno stato costante di "divenire", evolvendosi in espressioni sempre più alte a mano a mano che si manifesta attraverso la forma. Nell'evoluzione non può essere assoluta; non può essere una "cosa" prefissata, come un dio con attributi di un uomo divinizzato.

Il regno animale è guidato esclusivamente dall'istinto, per cui non può interferire con l'opera perfetta del Potere Creativo. Per questo gli animali selvaggi sono liberi da tutta una serie di malattie che affliggono il genere umano. Nel regno animale esiste soltanto una dozzina, o poco più, di malattie cui vanno soggetti gli animali che vivono nella natura. Nel regno umano, esistono più di tremila diverse categorie di malattie. Qual è la principale differenza tra il genere umano e quello animale? La capacità di ragionare per astratto. È ovvio che dev'esserci qualcosa che non va nel modo in cui abbiamo usato il ragionamento, perché il mondo umano è pieno di conflitti, violenza e malattie sia fisiche che mentali.

È solo da quando ha cominciato a svilupparsi la consapevolezza di sé, con il suo straordinario potere di originare idee, che sono apparse molte delle diverse forme di malattie. A parte le malformazioni congenite e le infezioni causate da agenti esterni, le malattie del sistema immunitario e organiche, quali l'artrite, le coronaropatie e il cancro, hanno sempre una componente dovuta all'emotività e allo stile di vita. L'intimo collegamento tra la mente e il corpo ci rende vulnerabili a tutta una serie di malattie. Ogni pensiero che abbiamo produce un'immediata risposta fisiologica, seppur minima. Col tempo, i pensieri negativi, come la rabbia, la paura e la tristezza, hanno un impatto sul corpo, che alla fine si traduce in malattia. Abbiamo tutti sentito parlare di personalità di "Tipo A", rappresentata dall'impiegato solerte, aggressivo e combattivo, stroncato da infarto a cinquant'anni. Lo stress a cui un leone è sottoposto mentre caccia la sua preda è molto diverso da quello di una persona che viene chiamata dal capo per una lavata di testa, e c'è una relazione diretta tra le nostre emozioni e la nostra salute. La "consapevolezza di sé" dell'impiegato gli dà la capacità di interiorizzare la critica del suo capo e di esprimere giudizi su se stesso, cosa che gli provoca stress. Al contrario, il leone non può riflettere sulle proprie azioni.

Poiché abbiamo il potere di scegliere, la coscienza umana è l'unica forma che può operare contro il suo progetto interiore. Il potere di scelta implica una terribile responsabilità, ed è evidente che alcuni di noi scelgono in modo irresponsabile, a giudicare dallo stato del mondo. Se fate delle scelte che interferiscono, o vanno contro il Potere Creativo dentro di voi, questa interferenza si manifesterà sempre all'interno del vostro corpo, o esternamente nella vostra vita.

Ciascuno di noi è parte della coscienza che pervade tutto l'universo, e la nostra evoluzione finale oltrepassa i limiti della nostra immaginazione! Questa coscienza è il potere che vi sostiene, e che si può contattare e guidare, una volta capite le leggi. È questo, quindi, il nostro grande compito nella vita, il significato della vita stessa: continuare a evolvere la nostra coscienza finché non diverremo un tutt'uno con il Potere Creativo dentro di noi. Per raggiungere questo scopo, è necessario imparare a pensare correttamente, e a incanalare le nostre emozioni verso fini costruttivi. Abbiamo la libertà di andare contro lo scopo del nostro essere, contro il nostro piano innato, la nostra immagine interiore. Possiamo interferire con esso e generare il caos, ma questa disarmonia interiore si manifesterà sempre, sotto forma di malattie sia fisiche che mentali; nella mente, attraverso sintomi nevrotici o psicotici, o esternamente, in una vita confusa e infelice. Dobbiamo quindi imparare a fare le scelte giuste perché la nostra vita sia in armonia con il grande piano cosmologico. A tal fine, dobbiamo capire come la coscienza, il grande Potere Creativo dell'Universo, opera nella personalità umana, come ci vengono programmate le idee nella mente, e come cambiare queste idee se sono distruttive. Esamineremo questi argomenti nei capitoli successivi.

2. IL GRANDE POTERE DENTRO DI VOI

Chiunque sia seriamente impegnato nel perseguimento della scienza
si convince sempre più che nelle Leggi dell'Universo è manifesto uno spirito,
uno spirito infinitamente superiore a quello dell'uomo,
e davanti al quale l'uomo, con i suoi modesti poteri, deve sentirsi umile.

ALBERT EINSTEIN

Dopo avere esaminato gli attributi della coscienza nel precedente capitolo, vediamo ora come si esprime la coscienza nella personalità umana. Il nostro io spirituale, o superiore, è stato chiamato in molti modi. Nei Vangeli del Nuovo Testamento si parla del "Regno dei Cieli dentro l'uomo", "il seme di senape", "la perla di gran pregio". I musulmani lo chiamano "il segreto", e dicono che è più vicino all'uomo del respiro. Nella tradizione cinese è "il Gioiello", "il Centro del Diamante", "la Perla che i draghi custodiscono". Plotino lo chiamava "il Centro dell'Anima", altri l'hanno definito "la Superanima". Il chiropratico lo chiama "la Mente Innata", lo psicologo "l'Inconscio". Ma, dicono i taoisti, "il nome che si può nominare non è il nome eterno".

Qualunque definizione possiamo dare al Potere Creativo sarà perciò sempre simbolica; tutte le descrizioni saranno sempre incomplete e imprecise. Persino coloro che sono entrati in contatto con questa realtà attraverso un'esperienza mistica, trascendente, non hanno parole per descriverla perché va oltre la sfera del pensiero e del linguaggio. La realtà suprema non si può discernere con la nostra mente razionale e ragionante, e la sua visione sarà un'esperienza non intellettuale che sfocerà, se siamo così fortunati, in un non comune stato di coscienza. Secondo le culture orientali, esiste una percettività al di là dell'intelletto, che si ottiene con un'esperienza mistica, con una "concentrazione mentale" piuttosto che con il pensiero raziocinante, e con il tempo per guardarsi dentro.

Dicono le Upanishad:

Lì non arriva l'occhio,
non arriva la favella, né la mente.
Noi non sappiamo, non capiamo
come si possa insegnare.

Lo spirito interiore: il Potere Creativo dell'Universo

Nel tentare di capire il cosmo, di solito mettiamo da una parte la scienza e dall'altra la teologia, ma le loro differenze non sono così abissali come si è portati a credere; c'è un'integrazione tra alcuni dei princìpi fondamentali di entrambe. Per dimostrare questa sintesi ideologica, useremo termini sia teologici che psicologici per comprendere la personalità umana. La psicologia ha teoricamente diviso la mente in due parti, il conscio e il subconscio (o inconscio). Al fine di evidenziare la correlazione tra gli insegnamenti psicologici e quelli teologici, useremo questi termini, ma useremo anche concetti religiosi, ossia anima, per la parte conscia della mente, e spirito, per il subconscio. Il termine spirito rappresenta il Potere Inconoscibile che al principio si manifestò nelle particelle elettriche, e ora si manifesta in noi. Questo nome è sinonimo di coscienza. Sebbene lo spirito pervada tutto l'universo, nella personalità umana sembra essere concentrato nel regno del subconscio. Senza la nostra consapevolezza conscia, si prende cura di tutte le nostre funzioni corporee, come il battito cardiaco e la circolazione sanguigna.

Nel momento del nostro concepimento, dall'unione di uno spermatozoo con un ovulo venne creata una singola cellula di vita, e noi non eravamo altro che un minuscolo puntino di materia più piccolo di una capocchia di spillo. La domanda è questa: quando quelle due cellule si unirono a formare la microscopica cellula, questa cellula ero *io*? C'ero *io* lì? Se un essere umano è fatto di corpo, mente e anima, com'è stato insegnato alla maggior parte di noi dalla religione tradizionale, nessuna di queste cose poteva essere presente all'atto del concepimento. Di certo non c'era un corpo sviluppato, e non ci poteva essere una mente, perché la mente dipende dal cervello, e il cervello non si era ancora formato. Per quanto riguarda l'esistenza dell'anima all'atto del concepimento, dobbiamo rivolgerci alle Scritture: "E Dio soffiò nelle narici dell'uomo l'alito di vita; e l'uomo divenne un'anima vivente" (Genesi 2:7). Dato che non c'erano narici al momento del concepimento, e nessun "alito soffiato", se prendiamo alla lettera questa definizione, allora non si era sviluppata ancora nessun'anima.

Se non c'eravate voi lì, allora cosa c'era? Un ragionamento logico può portare a una sola risposta: il Potere Inconoscibile che chiamiamo spirito. Un *qualche* tipo di coscienza doveva essere presente in quell'unica cellula microscopica perché si sviluppasse in un feto, e perché creasse tutti gli organi, l'intricato cervello e il midollo spinale, e tutte le altre incredibili complessità di un corpo pienamente formato. Lo spirito era in voi al momento del concepimento, e poi ha diviso quella cellula in due, e poi ciascuna si è divisa in altre due, e ancora e ancora, finché, nel breve lasso di circa 280 giorni, siete emersi voi, un insieme di circa 63 miliardi di cellule. E ognuna di queste cellule, dalla prima all'ultima, conteneva lo spirito, proprio come ogni cellula del vostro corpo adulto ancora contiene il Potere Creativo dell'universo. Pensate un attimo a questa meraviglia!

Ma c'è un altro mistero insondabile. I filamenti di DNA che contengono le informazioni sul "bambino che sarà" sono contenuti nel nucleo di ciascuna cellula, e si replicano quando la cellula si divide. Anche se ogni cellula genera due copie esattamente uguali, ben presto alcune cellule cominciano a specializzarsi, diventando cellule del cuore, o dei capelli, o della pelle. Come lo sanno? Come fanno a sapere come devono diventare dato che sono tutte uguali? Nessuno lo sa, ma è ovvio che devono essere dirette da una *coscienza intelligente*, che noi chiamiamo spirito.

Poiché lo spirito è presente in tutte le nostre cellule, il suo compito è di far funzionare bene il nostro corpo. La mente conscia non può svolgere funzioni fisiologiche perché non sa come fare. Se doveste far battere il vostro cuore consciamente nei prossimi cinque minuti, morireste, perché non sapreste come far affluire il sangue al cervello.

Analogamente, non potreste camminare se doveste farlo con la vostra mente conscia, raziocinante; infatti, non sapete quali muscoli usare, e in quale sequenza, e con quale quantità di sforzo, per impedirvi di cadere a faccia avanti. Se ci pensate un attimo, sarebbe impossibile sopravvivere una sola notte se fosse la vostra mente conscia a doversi occupare del battito cardiaco, della respirazione, della circolazione del sangue, perciò dev'esserci un altro potere incaricato di questi aspetti. Oppure, pensate a una madre che allatta il suo bambino. Che succede dopo? La madre non sa come trasformare il latte in sangue e ossa e linfa, e in tutte quelle altre cose necessarie al bambino per crescere, ma non lo sa nemmeno il bambino. Da ciò possiamo dedurre che abbiamo a che fare con un'Entità Conscia dentro di noi; c'è una coscienza che sperimenta tutta la vita, e ne sta sperimentando una piccola parte attraverso il bambino, e attraverso di voi. Pensateci. Il Potere Creativo dell'universo non dimora chissà dove nei cieli, ma risiede in ciascuno di noi!

Lo spirito si prende perfettamente cura dei nostri corpi finché non interferiamo con esso. Se il nostro cuore, o il nostro fegato, o il nostro apparato digerente non funzionano a dovere (a meno che non si tratti di una malattia genetica), vuol dire che in qualche modo abbiamo ostacolato il corretto indirizzo del Potere Interiore, attraverso un modo di pensare sbagliato, una scarsa cura del corpo, o l'errato uso delle nostre emozioni. Se avete inavvertitamente creato delle malattie all'interno del vostro corpo, potete correggerle, perché *il potere che ha fatto il vostro corpo può guarirlo.* Imparerete come fare nel Capitolo 9 sull'autoguarigione, perché questo Potere dentro di noi può essere contattato e guidato se ne conosciamo le leggi.

Lo spirito pervade tutto l'universo; c'è qualcosa oltre il nostro piccolo ego, e questa scoperta potrà trasformare, elevare e ricreare la vita di colui che la apprende. L'uso di questa conoscenza è il mezzo con cui una persona diventa il proprio vero io. Quando capirete questo, comincerete a diventare uno strumento di questo potere per aiutare a elevare la coscienza del mondo.

Quando una persona realizza che lo spirito, il Potere Creativo dell'Universo, è dentro ciascuno di noi, diventa incredibilmente capace di gestire qualunque problema e di trasformare la propria vita e i propri rapporti, perché questo Potere è una forza attiva e dinamica che si può guidare consciamente, e che farà qualunque cosa le chiederemo.

Nel suo meraviglioso libro *Ricordi, sogni e riflessioni*, il grande psicologo Carl Jung scrisse: "La domanda decisiva dell'uomo è: siamo legati a qualcosa d'infinito o no? È la domanda più importante di tutta la vita. Solo se capiremo che quello che conta davvero è l'Infinito potremo evitare di concentrare i nostri interessi sulle cose futili, e su tutti quegli scopi che non sono veramente importanti. Se lo comprendiamo e sentiamo in questa vita, avremo già stabilito un legame con l'Infinito, e allora i nostri desideri e i nostri atteggiamenti cambieranno". Jung era un uomo perspicace che riconobbe che l'ansietà umana è direttamente ricollegabile al desiderio dell'essere umano di riunirsi alla Fonte Divina. Ecco cosa cercano tutti con vari mezzi, anche se le definizioni possono essere diverse.

A volte mi chiedono: "Credi in Dio?". Quel che in realtà mi chiede la persona è: "Credi nel *mio concetto* di Dio?". Nessuno può credere nel Dio di qualcun altro. L'unico Dio che conoscerete mai sarà quello che voi identificherete personalmente, quello che scoprirete attraverso un'esperienza interiore individuale, nel silenzio del vostro cuore. Quello è l'unico Dio che potrà mai esistere per voi, e che non potrà mai essere scoperto solo con l'intelletto. L'Infinito, il supremo grado della coscienza, va oltre la comprensione della nostra mente razionale, anche se molte persone hanno cercato di descriverlo. Possiamo chiamare questo Potere Dio, o Geova, Allah, Natura, Mente Infinita, Essere Onnipotente, il Tutto, o comunque vogliamo; ma l'importante è capire che quello spirito è *dentro di noi.* Non si tratta di un'entità dispotica, autoritaria, capricciosa, iraconda, come spesso Dio viene dipinto da ecclesiastici ottusi, ma piuttosto un Potere attivo, benigno e creativo.

Noi ipotizziamo che vi siano quattro aspetti della personalità umana: corpo, mente, anima e spirito. Questa teoria si differenzia dalla religione tradizionale secondo cui esistono soltanto tre aspetti – corpo, mente e anima – e che pone lo spirito (Dio) al di fuori della personalità umana, collocandolo nell'alto dei cieli. Questo è il grande errore di quegli insegnamenti, dato che l'Intelligenza Creativa è dentro di noi, proprio come è dentro a tutte le cose dell'universo. Dio non è relegato in qualche tempio religioso, e non bisogna recarsi in un luogo specifico per onorare la creazione. Dio non è formale; non dovete vestirvi eleganti per entrare in comunione con la Divina Presenza, che è onnipresente. Dio non è solenne e non dev'essere avvicinato con volto serio e spalle chine. E, cosa più importante di tutte, Dio non è invisibile. Se solo apriamo la mente e gli occhi, vedremo che tutta la vita non è altro che una manifestazione di questa *Coscienza Unica*, in diverse forme. Come scrisse Walt Whitman: "Ogni momento di luce e tenebra è un miracolo, ogni centimetro cubo di spazio è un miracolo".

Ogniqualvolta ci troviamo mossi dall'aspetto più elevato del nostro essere, come quando ascoltiamo un bel brano di musica, o proviamo amore per qualcuno, o contempliamo uno spettacolare tramonto, siamo in contatto con il nostro Io Superiore. Ecco a cosa aspiriamo veramente, a cosa mirano i nostri desideri, a riunirci con lo spirito. "I nostri cuori sono senza pace", disse sant'Agostino, "finché non trovano pace in Te".

L'ego e l'identità: cos'è l'anima?

Intorno al significato del termine "anima" si sono sollevate controversie per centinaia di anni, soprattutto riguardo la questione: "Ho un'anima o sono un'anima?". Nella Genesi (2:7) si legge: "E Dio soffiò nelle narici dell'uomo un alito di vita, e l'uomo *divenne* un'anima vivente". Secondo questo brano, l'anima dev'essere qualcosa che uno *è*, non che uno *possiede*. Eppure molti seguaci della religione tradizionale pensano che l'anima sia qualcosa che possiedono e che rischiano di perdere, un'entità nebulosa e spettrale che salirà in cielo (o sprofonderà all'inferno) dopo la morte. Questo è un concetto molto primitivo che alcuni dei più avanzati pensatori teologici hanno ormai abbandonato.

L'anima non è una cosa che si possiede, ma un'espressione della vostra personalità, o una forma di coscienza. Ma quando si diventa un'anima individualizzata? Quando Dio "soffia l'alito di vita" in una persona? Quando questa coscienza universale arriva a un punto in cui la chiamiamo anima? Si è cercato in molti modi di dare una risposta a questa domanda, ed è uno dei nodi centrali su cui discutono accanitamente i parlamenti di diversi paesi a proposito dell'aborto. Alcuni dicono cinque mesi dopo il concepimento, quando il feto respira per la prima volta nell'utero materno; si muove e il suo cuore batte. Altri dicono tre mesi dopo il concepimento, quando l'embrione è completamente formato. Alcuni sostengono che l'anima è presente nel momento stesso del concepimento, e altri ancora dicono che l'anima appare solo quando il bambino viene alla luce e respira aria per la prima volta.

Qual è la risposta a questo dilemma? Il problema è che la domanda è posta in modo errato. L'anima non "nasce" in un dato momento perché non è uno stato d'essere, ma uno stato di *divenire*. L'anima è sinonimo di personalità, e rappresenta la parte conscia di essa. Perciò non si tratta di qualcosa che entra nel corpo del bambino in un preciso istante di tempo, ma qualcosa che emerge gradualmente a mano a mano che il bambino matura. Se vogliamo usare la parola *nascere*, allora dovremmo dire che l'anima nasce quando appare la consapevolezza di sé, perché questo è il principale attributo dell'anima. Finché questo non accade, l'anima esiste solo in potenza. Quando nasce un bambino umano, si trova più o meno allo stesso livello di un animale, perché non sarà una personalità completamente sviluppata e distinta finché non avrà la consapevolezza del suo essere come individuo; ossia, quando si sarà sviluppata la consapevolezza di sé. Fino a quel punto, potremmo dire che un neonato è un'anima latente, o un'espressione del puro spirito. È come un seme nel terreno che ha la potenzialità di diventare un fiore, e alla fine romperà il suo tegumento ed emetterà un germoglio. Ma noi non possiamo chiamarlo tulipano finché non vedremo il bocciolo del fiore.

L'anima di un bambino, o personalità, si sviluppa come risultato dell'interazione di due fattori: le sue caratteristiche ereditarie e l'ambiente. Quest'interazione produce il comportamento, ed è questo comportamento, che comprende i processi cognitivi, che chiamiamo personalità. Prima dell'inizio di questa interazione, di solito intorno al primo, secondo anno di vita, il bambino ha solo il potenziale per la "consapevolezza di sé", perché infatti non è consapevole di essere se stesso. È necessario un certo periodo di maturazione perché emerga una personalità strutturata, e si sviluppi pienamente l'anima.

La maggior parte della gente realizza il proprio pieno potenziale solo quando raggiunge i primi anni dell'età adulta, perché il pieno sviluppo dell'anima dipende necessariamente dall'acquisizione di due importanti attributi umani: il pensiero razionale e le capacità verbali astratte. Se queste due facoltà non si sviluppano adeguatamente, la persona avrà una personalità, o espressione dell'anima, molto ristretta e limitata. Come ha detto Barbara Branden nel suo saggio sul "pensiero efficiente": "Il linguaggio è l'unica forma possibile per ragionare esplicitamente, e per assoggettare le proprie conclusioni al giudizio della ragione e della realtà. Per pensare, l'uomo deve compiere astrazioni, formare concetti, e dare a questi concetti un'identità, per mezzo delle parole". Nel caso dei muti, le parole sono sostituite da segni simbolici che comunicano un significato.

La nostra definizione di anima è questa: *L'unica ed esclusiva organizzazione delle caratteristiche ereditarie e delle influenze ambientali di un individuo.* La combinazione di questi due fattori si risolve in schemi comportamentali coerenti con cui possiamo identificarci e relazionarci con gli altri. Il nostro comportamento è più o meno lo stesso (pur variando entro certi limiti) nella nostra vita quotidiana, e questa coerenza, che chiamiamo personalità, è il risultato della nostra genetica e dell'ambiente. L'ambiente comprende non solo il tipo di educazione che riceviamo da bambini, ma anche fattori sociali e culturali. L'anima è la funzione organizzatrice all'interno dell'individuo, e il mezzo con il quale l'essere umano si relaziona con gli altri. Per cui l'anima non è una proprietà o una cosa; non è un'entità costante, o fissa, perché è sempre in crescita, in continua evoluzione.

L'anima è quell'aspetto della vostra coscienza che dà origine alle idee, al pensiero, alle decisioni e alla ragione. È l'aspetto *individualizzato* dello spirito e quindi è diversa per ciascun individuo. Lo spirito è l'aspetto *universale* della personalità ed è lo stesso per tutti. L'anima rappresenta il nostro senso d'identità personale che si esprime in modo unico ed esclusivo in ogni persona. Sebbene lo spirito interiore sia costante e operi basilarmente nello stesso modo in ogni persona, ogni anima è differente, perché ogni persona ha una diversa storia genetica e ambientale (Figura 3).

Nello sviluppo del cervello umano assistiamo per la prima volta nella storia dell'evoluzione alla divisione della coscienza in due parti. La coscienza non è più unica, come nelle fasi inferiori del *continuum* evolutivo, perché gli esseri umani hanno una duplice natura. La coscienza si manifesta in noi come anima e spirito, o mente conscia e subconscia. Il pensiero riflessivo, una capacità esclusivamente umana, ha bisogno di questa dualità di coscienza, perché un aspetto deve essere in grado di riflettere sull'altro. La logica e la ragione sono le caratteristiche predominanti della mente conscia, mentre le emozioni e l'intuito sono quelle del subconscio. Questi diversi aspetti hanno i loro separati corrispondenti fisiologici nell'emisfero destro e sinistro del cervello, e funzionano in opposto.

Un altro punto è che l'anima deve sempre avere qualche forma attraverso cui esprimersi, e tale forma, su questo piano d'esistenza, è il corpo fisi-

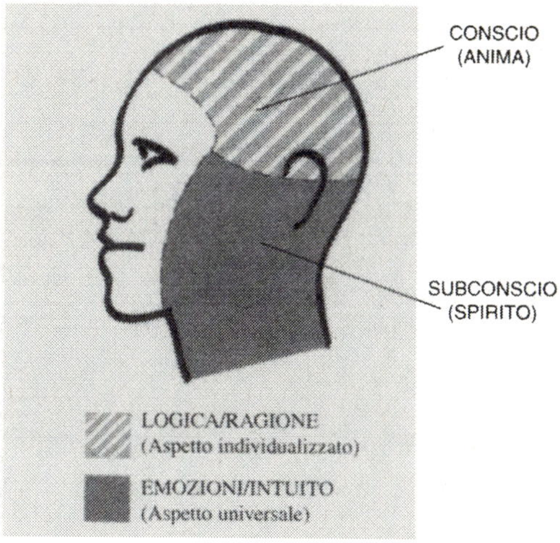

Figura 3. La relazione tra anima e spirito

co. Noi possiamo riconoscere le altre persone solo perché si esprimono attraverso un mezzo fisico; altrimenti, non avrebbero personalità o esistenza. La forma è un attributo della coscienza, e tutte le manifestazioni della coscienza hanno una forma. Allora questo significa che l'anima finisce quando finisce il corpo? No, ma significa che l'anima dovrà esprimersi attraverso un altro tipo di forma, altrimenti non potrebbe continuare a esistere. In metafisica, quest'altra forma si chiama corpo astrale o etereo, che noi possediamo insieme al corpo fisico.

In quanto esseri viventi nell'universo, una parte di noi resta qui per sempre, perché la Legge della Conservazione dell'Energia afferma che l'energia non si crea e non si distrugge; cambia solo forma. La materia e la coscienza sono indistruttibili. Quando moriamo, gli atomi del nostro corpo fisico tornano semplicemente alla terra e cambiano forma, ma la nostra coscienza, lo spirito dentro di noi che è parte del Tutto, continua il suo processo evolutivo su altri livelli. Niente scompare per sempre.

Dobbiamo renderci conto che l'anima e il corpo non agiscono come entità separate. L'organismo funziona come una singola unità, e ciò che accade a una parte influisce sempre sul tutto. Ogni pensiero che ci passa per la mente produce un'immediata risposta fisiologica, perché la relazione tra anima e corpo è molto intima. Il corpo è certamente una parte della nostra personalità, la più evidente. Non avremmo un'identità personale se non avessimo un'identità fisica, e l'immagine che ognuno ha di sé è fortemente influenzata dalle condizioni del nostro mezzo fisico.

Le anime, o personalità, possono avere diversi stadi di sviluppo. Alcune sono molto avanzate, mentre altre sono molto carenti e funzionano a livelli minimi. Non tutti gli adulti raggiungono la piena maturità. Alcuni rimangono infantili nella loro espressione, e si potrebbero definire come personalità ristrette, o anime dallo sviluppo limitato. Molta gente non si rende nemmeno conto della propria natura superiore, e conduce una vita frenetica, spinta solo da riflessi condizionati, come un animale. Queste persone non elevano mai la propria coscienza molto al di sopra di quella animale, e la scintilla di divino che è in loro resta dormiente per tutta la vita.

Il nostro compito, dunque, è quello di far brillare questa scintilla divina che abbiamo dentro, raggiungendo prima la coscienza individuale, e poi l'unità con lo spirito. Questo è ciò che significa realmente essere un'anima. Può sembrare incredibile che molta gente non abbia ancora raggiunto la coscienza individuale, ma è proprio questo il loro livello di sviluppo. Sono esseri completamente reattivi; non hanno una vera libera volontà perché si limitano a dare risposte programmate agli stimoli ambientali, senza pensare o ragionare sulle proprie azioni. Sono poco più di bestie parlanti, e vivono per lo più inconsciamente. A volte, il loro subconscio, che lotta sempre per espandersi, deve scardinare la vita limitata di queste persone per costringerle a crescere.

Il grande compito, e dovere, di ogni uomo e di ogni donna, è quello di lavorare per accrescere la consapevolezza di sé e per liberarsi dalla schiavitù dei condizionamenti passati. La nostra responsabilità è quella di diventare consapevoli del fatto che siamo parte dell'Infinito, e di cominciare a esprimere questa coscienza superiore attraverso la nostra personalità. È solo quando riuscirà a stabilire una certa misura di sintesi tra gli aspetti consci e subconsci del proprio essere che l'individuo comincerà ad avere una vera identità come persona, e diventerà un'anima. Solo allora la persona sarà pienamente risvegliata.

3. RIPROGRAMMARE LA MENTE

Nella nostra mente inconscia
non possiamo distinguere
tra un desiderio e un'azione.

SIGMUND FREUD

L'anima e lo spirito, mente conscia e subconscia: come interagiscono questi due aspetti della duplice natura umana? Come veniamo programmati ai vari concetti che governano la nostra vita, e come possiamo riprogrammare la nostra mente per eliminare le idee negative in modo da poter vivere felicemente e produttivamente?

Ovviamente lo spirito permea entrambi gli aspetti, ma viene parzialmente escluso dalla nostra consapevolezza conscia da ciò che chiamiamo *barriera psichica*, o censore psichico, che c'impedisce di avere un contatto completo con il nostro subconscio. Tuttavia questa barriera è permeabile, come un setaccio per la farina, perché l'anima non può mai operare indipendentemente dallo spirito, e la sua manifestazione è sempre il risultato dell'interazione fra le due parti. Poiché questa barriera non è solida, spesso riceviamo messaggi dal nostro io interiore, sotto forma di visioni intuitive, sogni e precognizioni di eventi.

È proprio perché esiste questa barriera psichica che è possibile l'individualità. Se non ci fosse questa divisione della coscienza, noi saremmo tutti uguali e non avremmo personalità distinte, né consapevolezza di noi. Alcune differenze di carattere esisterebbero comunque, come nel mondo animale, a causa di predisposizioni genetiche, ma non ci sarebbe il senso di identità, l'immagine di sé, o il pensiero razionale, che sono tutti aspetti della personalità.

Come detto in precedenza, l'anima è l'aspetto individualizzato della personalità, la parte che dà origine alle idee che si manifestano nella nostra vita, o accetta le idee che vengono da altri. Questi concetti poi si vanno a impiantare nella nostra mente subconscia, ed è il subconscio che li attua. L'anima, quindi, è il *pensatore*. La possiamo considerare anche come l'aspetto generativo, "maschile", dell'io, perché accetta le idee dall'ambiente e le impianta nella mente subconscia.

Lo spirito, il subconscio, è l'*attuatore*, l'aspetto ricettivo, "femminile", che riceve le idee dalla parte conscia della mente e le attua. (Questa divisione è valida sia per gli uomini sia per le donne.) Per analogia con il mondo del lavoro, potremmo dire che l'anima è il principale, e lo spirito l'operaio che esegue gli ordini. Per usare invece una metafora tecnologica, lo spirito è l'hardware del computer, dove c'è la scheda madre, mentre l'anima è il software, il programma che voi usate per dirgli cosa fare. Se volete scrivere una lettera, userete un programma di videoscrittura, ma se volete controllare i vostri investimenti, installerete un programma finanziario che abbia un foglio elettronico. Lo stesso principio creativo opera nel regno della mente come nel mondo biologico: l'anima, l'aspetto maschile e generativo, feconda lo spirito, l'aspetto femminile e ricettivo, con un'idea, e la creazione che risulta da quest'interazione è l'espressione fisica, o comportamento.

Diciamo che l'anima si affaccia alla finestra e, vedendo che è una bella giornata, genera l'idea di uscire a fare una passeggiata. Può consciamente concepire quest'idea, ma in realtà non ha il potere di attuarla perché non sa quali muscoli sono coinvolti nel semplice atto di muovere un passo. Per esempio, se voleste alzarvi dalla sedia e doveste farlo usando solo la mente conscia, non potreste farlo. Infatti, non siete nemmeno consapevoli di quali muscoli occorrono per alzarsi da una sedia. Abbiamo tutti visto in televisione le immagini di persone disabili che devono imparare a camminare di nuovo. La persona deve imparare quali muscoli muovere per fare un passo, ed è un processo laborioso quando fatto con la mente conscia. Quel che normalmente facciamo, senza rendercene conto, è di impiantare l'idea nello spirito, l'aspetto ricettivo, formativo della nostra personalità, che a sua volta attiva i muscoli interessati. Camminare è il comportamento risultante da questo interscambio.

Definizione di mente

Abbiamo parlato dell'aspetto conscio e subconscio della nostra personalità, ma cos'è la mente? Anche se dobbiamo necessariamente usare la parola "mente" come se fosse un nome di cosa, in realtà non è una cosa; è una funzione, un processo; non esiste di per sé. La mente è un termine usato per descrivere l'azione delle cellule, dei neuroni, delle sinapsi, e dei processi chimici del cervello. È l'attività di elaborazione di informazioni del cervello. La mente è soltanto un nome che abbiamo dato all'*interazione* tra anima e spirito, è il processo del pensare. La mente, quindi, non è come l'anima, che è

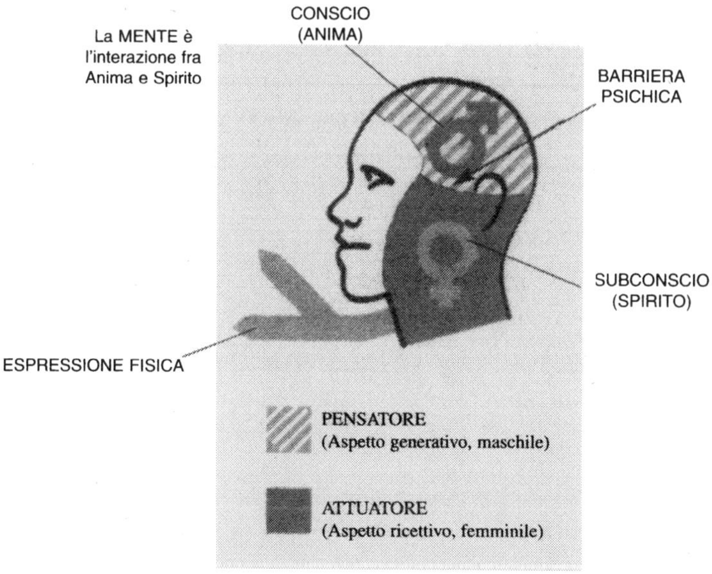

Figura 4. L'interazione della mente tra anima e spirito

il fattore organizzatore all'interno della personalità ed è un'entità a sé stante. Ma la mente è un fenomeno temporaneo e fuggevole che dipende interamente da stimoli sia interni che esterni. E dato che non è una cosa, ma un processo, si dovrebbe usare un verbo, invece di un nome (vedere Figura 4).

Perché si verifichi il processo del pensare, dev'essere prima trasmessa all'anima un'impressione, che noi riceviamo attraverso uno o più dei nostri cinque sensi, e questa informazione viene poi trasmessa automaticamente allo Spirito Interiore. Per capire come tutto ciò avviene, dobbiamo accettare la teoria scientifica per cui in realtà noi non vediamo, ascoltiamo, odoriamo, gustiamo o tocchiamo le "cose", ma tutte le cose nell'universo non sono altro che una vibrazione o lunghezza d'onda, che il nostro cervello interpreta come un particolare oggetto o sensazione. Per esempio, vi affacciate alla finestra e vedete il gatto del vicino sdraiato sul prato. Lo spirito abbina quest'impressione visiva con uno degli schemi presenti nella sua vasta banca dati e la rimanda all'anima, che a quel punto è in grado di interpretare quella particolare vibrazione (o lunghezza d'onda), che ha colto con i sensi di percezione, come un gatto. Quest'interazione tra conscio e subconscio è istantanea, ovviamente, ed è il processo che chiamiamo pensare.

Secondo la scienza, quel che avviene è che l'attivazione di determinati neuroni del cervello raggiunge un "livello critico di coscienza", che rende la persona conscia di una particolare vibrazione.

A quel punto traduce la vibrazione in ciò che la banca della memoria le ricorda. Ogni parte del cervello si trova sempre in un determinato stato di all'erta. C'è sempre qualche neurone attivo da qualche parte nel cervello, anche quando stiamo dormendo. Le cellule sono in un continuo stato di vibrazione. Quando certi neuroni si attivano oltre uno specifico livello critico, i processi neurali vengono sperimentati consciamente, e noi pensiamo a qualcosa. Potremmo dire che la grandezza, o forza, della vibrazione di particolari cellule e neuroni aumenta quando entrano in contatto con stimoli che fanno risonare quella particolare vibrazione, e noi ne diventiamo consapevoli. La mente è il nome dato a questa attività delle cellule cerebrali; è quindi quella porzione della nostra coscienza che supera un livello critico di all'erta o vibrazione in un dato momento. Quando dormiamo, nessuna cellula cerebrale vibra oltre questo livello, e quindi non siamo consapevoli di niente.

Supponiamo che stiate passeggiando per strada e passiate davanti a una panetteria. Riceverete degli stimoli dal vostro senso dell'olfatto. In quel momento coglierete una vibrazione che entrerà in risonanza con determinate cellule del vostro cervello collegate a quello stimolo, e si attiveranno i neuroni. Quando la grandezza (o volume) supererà un certo livello critico, penserete che c'è del pane che sta cocendo in quel forno, e poi deciderete se entrare per comprare qualcosa oppure no.

Ogni esperienza che abbiamo si imprime da qualche parte nelle cellule elettrochimiche del nostro cervello. È il nostro magazzino della memoria, simile a un'enorme banca dati. Ogni volta che l'anima è consciamente consapevole di uno stimolo, il subconscio mette istantaneamente in funzione il suo sistema di immagazzinamento, e attiva i neuroni specifici per identificare l'esperienza in modo da consentirvi di interpretarla. Negli anni Trenta, il dottor Wilder Penfield, un neurochirurgo canadese, effettuò degli interessanti esperimenti presso la McGill University di Montreal, durante interventi a cervello aperto su suoi pazienti. Mentre toccava con degli elettrodi il cervelletto del paziente conscio, gli chiedeva cosa sperimentasse. Tutti riferirono ricordi molto vividi, e il minimo spostamento dello stimolatore generava pensieri completamente diversi. Penfield individuò l'ubicazione di ogni ricordo mentre ispezionava il cervello con la sua sonda e, ogniqualvolta tornava in quel particolare punto, ricompariva lo stesso ricordo[1].

Riguardo una giovane donna, Penfield raccontò che "ebbe lo stesso flashback parecchie volte. Aveva a che fare con la casa di suo cugino, o il

[1] Kelly Kevin, *Out of Control*, Addison-Wesley, New York, 1994.

viaggio per arrivarci... un viaggio che non faceva da quasi quindici anni, ma che aveva fatto spesso da bambina". Questo esperimento dimostrò che il cervello è uno straordinario registratore, e tutto quel che abbiamo visto, sentito, odorato, gustato o toccato viene impresso nelle nostre cellule cerebrali per sempre. Ogni volta che qualcosa riattiva queste cellule, otteniamo un'immagine mentale che replica l'esperienza originale, anche se a volte può risultare distorta per via delle emozioni che si provano.

Ma cosa avviene quando sentite o vedete qualcosa che non conoscete? Dato che è stata registrata un'impressione sulle cellule del vostro cervello, lo spirito vi fornirà semplicemente un'immagine collegata o associata che si basa sulla programmazione passata, affinché possiate determinare cos'è o a cosa assomiglia. In fondo, è una supposizione ben fondata.

Come viene programmata la nostra mente

Soltanto la parte conscia della "mente" ha la capacità di distinguere tra idee costruttive e idee distruttive, una facoltà non sempre usata saggiamente, dato che troppo spesso la gente genera o accetta concetti negativi che alla fine influiscono o controllano la sua vita.

Cominciamo il processo di riprogrammazione della vostra mente per avere pensieri costruttivi, esaminando il modo in cui i concetti negativi si fissano nel vostro subconscio. Una volta capito questo, sarete in grado di riprogrammare lo spirito con i concetti che volete nella vostra vita, e di eliminare quelli negativi che potreste aver già acquisito.

Ragionamento induttivo e deduttivo

La parte conscia della nostra mente può procedere in due modi: per induzione o per deduzione. Il subconscio, al contrario, è più limitato e può usare solo un processo, quello deduttivo. Questo è di fondamentale importanza per capire come funziona la mente, perché questi processi operano in maniera sostanzialmente diversa (Figura 5).

Il ragionamento induttivo, una funzione *esclusiva* della mente conscia, comprende l'analisi, il giudizio e la scelta, come quando assemblate una serie di idee disparate e le confrontate. Questo comporta il *pensare*, una funzione *esclusiva* della mente conscia. Per esempio, quando entrate in una sala conferenze, scegliete il posto dove sedervi usando il ragionamento induttivo. Potreste volervi sedere accanto a una finestra, o a un amico, o su

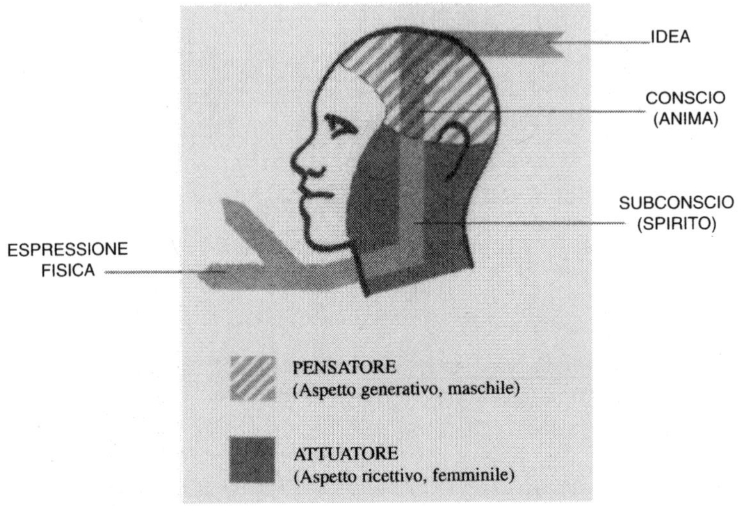

Figura 5. Le funzioni del conscio e del subconscio

una sedia comoda, o vicino all'oratore. Esaminate le possibilità, le analizzate e scegliete quella che meglio si adatta ai vostri criteri. Questa è induzione e comporta ovviamente il pensiero.

Anche il funzionamento deduttivo, che non comporta il ragionamento, può essere usato dalla mente conscia, ma è l'*unico* metodo utilizzabile dal subconscio. Questo è importantissimo per la riprogrammazione del subconscio, perché la deduzione non comporta il pensare. Accetta semplicemente le idee o le premesse fornitegli, e poi ne trae una conclusione. Giusta o sbagliata, al subconscio non interessa. La prova del fatto che la mente subconscia lavora in modo deduttivo si può dimostrare facilmente con l'ipnosi. In questo stato alterato di coscienza, l'ipnotista parla direttamente alla mente subconscia del soggetto senza interferenze da parte della mente razionale, conscia, che è stata temporaneamente sospesa.

Come è stato ampiamente documentato, nello stato ipnotico i soggetti possono riprodurre fenomeni che sarebbero difficili, se non impossibili, da compiere durante il loro normale stato conscio. Per esempio, è stato osservato che possono mantenere posizioni catalettiche per ore senza disagio, gustarsi un bicchiere di aceto pensando sia tè, o avere la carne trafitta da aghi senza sanguinare o provare dolore. Questi effetti anomali sono possibili perché, in stato di ipnosi, il subconscio del soggetto accetta le suggestioni dell'ipnotista senza ragionare o analizzarle, testimoniando così la natura ricettiva, passiva, non razionale, non analitica, deduttiva della mente subconscia.

Per riprogrammare la mente verso concetti positivi, dobbiamo capire come opera lo spirito, o subconscio. In generale, la deduzione comincia con date premesse e porta a una conclusione. Una premessa è soltanto un'affermazione; può essere vera o falsa. Due premesse, una maggiore e una minore, più una conclusione dedotta da esse, formano quel che in logica e metafisica è noto come sillogismo. La conclusione è influenzata, ovviamente, dalle premesse, se sono vere o false, ma la cosa importante è che una conclusione può essere tratta solo dai dati forniti.

Ecco un classico esempio di sillogismo:

Premessa maggiore: Tutti gli alberi hanno radici.
Premessa minore: La quercia è un albero.
Conclusione: La quercia ha radici.

Non c'è pensiero in questo processo. È solo una logica deduzione derivante da date premesse, ed è proprio così che opera il nostro subconscio.

Quando l'anima genera certe premesse, o le accetta da altri (come un genitore), le passa allo spirito, che trae una conclusione e opera in base a quella conclusione, indipendentemente dal fatto che le premesse siano vere o false. Dato che lo spirito non può giudicare la fondatezza delle premesse o respingerle se sono false, non può far altro che accettarle e attuarle. Ovviamente, se al vostro subconscio vengono fornite premesse sbagliate, voi trarrete una conclusione errata, che comunque si manifesterà nella vostra vita. Se date allo spirito premesse per voi dannose o distruttive, alla fine sarete danneggiati o persino distrutti dalla conclusione che lo avete costretto a trarre. Ricordate: *lo spirito non può ragionare* (che è una capacità esclusiva della mente conscia).

Esaminiamo adesso alcuni esempi di sillogismi lesivi che sono così comuni che spesso li innestiamo nel nostro subconscio senza pensare alle conseguenze.

Premessa maggiore: Mio padre ha avuto un infarto.
Premessa minore: Io sono come mio padre.
Conclusione: Avrò un infarto.

Premessa maggiore: Mamma dice che sono uno stupido.
Premessa minore: Mamma ha sempre ragione.
Conclusione: Io sono uno stupido.

Premessa maggiore: Se ti bagni i piedi, ti prendi il raffreddore.
Premessa minore: Mi sono bagnato i piedi.
Conclusione: Mi verrà il raffreddore.

Premessa maggiore: Le donne non possono guadagnare molti soldi.
Premessa minore: Io sono una donna.
Conclusione: Non posso guadagnare molti soldi.

Ecco come vengono programmati i concetti negativi nella mente subconscia, e lo spirito non può far altro che attuarli, non importa quanto siano dannosi. Detto questo, ricordate sempre che lo spirito non può ragionare sulle vostre idee. Non ha la capacità di analizzarle o valutarle, ma solo accettare i vostri ordini, siano essi costruttivi o distruttivi. Pertanto, *la corretta programmazione della mente deve cominciare a livello conscio.*

La vostra personalità è molto simile a un computer altamente sofisticato. Tranne che per i processi biologici automatici, l'anima è il programmatore e deve inserire dei dati nel subconscio prima di poter ricevere un risultato. Perché abbia inizio il processo deduttivo, il subconscio deve ricevere un input sotto forma di premesse, che sono i dati che riceve dall'anima. Queste premesse sono le idee che voi generate, o quelle che accettate da altri, come i vostri genitori, gli insegnanti, il parroco, il partner, e persino la pubblicità che leggete sui giornali o sentite alla radio. Perciò, se la vostra vita è un disastro, siete *voi* che l'avete ordinato! Che siate stati voi a programmare il vostro subconscio con idee negative, o che altri l'abbiano fatto per voi, comunque adesso si manifesta nella vostra vita. Ma se capirete come funziona la personalità, potrete invertire il processo e riprogrammare la vostra mente subconscia verso idee positive che vi faranno vivere felici e realizzati!

Potreste chiedervi a questo punto come fa lo spirito, che non può ragionare né originare idee, a potervi guidare. In primo luogo dovete chiedere il suo aiuto. Dovete entrare in sintonia con esso, e poi lui risponderà. Lo spirito non ha bisogno di generare risposte per voi, poiché esso già contiene tutte le risposte in quel gran magazzino di saggezza che lo psichiatra Carl Jung chiamava "inconscio collettivo". Quando sarete pronti e saprete come chiedere, esso sceglierà la risposta adeguata, e ve la fornirà sotto forma d'intuizioni, visioni o sogni.

Nel capire come la mente funziona, dobbiamo stare molto attenti alle idee che lasciamo innestarsi nel nostro subconscio. Se sarete saggi, imparerete a vigilare sempre sulla vostra anima per rifiutare la miriade di idee negative con cui veniamo costantemente bombardati. E, se adesso avete un certo numero di concetti negativi impiantati nel vostro subconscio che disturbano la vostra vita, scoprirete che le tecniche di trasformazione descritte nei successivi capitoli vi aiuteranno a sradicarle. Avete dentro di voi il potere di riprogrammare quelle idee e di crearvi il tipo di vita che desiderate!

SECONDA PARTE

TECNICHE DI TRASFORMAZIONE

Solo quando la gente si renderà conto di avere il potere
di usare i propri pensieri per sollevarsi dalla miseria,
solo allora comincerà la sua libertà.

THURMAN FLEET, *Concept-Therapy*

4. AUTOIPNOSI: LA PORTA MAGICA

La guarigione dell'anima si ottiene con l'uso di formule magiche, e queste formule magiche sono le parole virtuose e positive.

SOCRATE

Uno dei metodi più rapidi per attingere al potere della vostra mente interiore consiste nell'autoipnosi, una porta che si affaccia sullo sconfinato magazzino della vostra saggezza inconscia. Non esiste al mondo potere più grande delle forze che albergano nella vostra mente, e l'autoipnosi è la via diretta attraverso cui liberare questi poteri. La persona che impara la tecnica dell'autoipnosi ha scoperto il segreto di una vita felice, per cui è importante che capiate l'ipnosi per poter usare l'autoipnosi nel modo più efficace.

Molta gente ha ancora le idee confuse sull'ipnosi a causa della classica immagine romanzesca di un barbuto Svengali dal mantello nero che saltella sul suo inerme soggetto, Trilby. Purtroppo è vero che alcuni ipnotizzatori hanno snaturato lo scopo dell'ipnosi usandola per far abbaiare le persone come cani, o starnazzare come oche, o in generale per far loro fare cose stupide. Spesso i dilettanti, dopo aver appreso qualche principio base dell'ipnosi, la usano per pavoneggiarsi alle feste, e possono causare danni ai loro soggetti inculcando suggestioni nocive.

Il pericolo non consiste nell'ipnosi di per sé, ma nelle sue applicazioni. L'ipnosi è estremamente benefica perché è uno stato di profondo rilassamento. Nelle mani di un professionista qualificato, l'ipnosi può alleviare l'insonnia, ridurre l'ansia, facilitare il dimagrimento, aiutare ad abbandonare cattive abitudini, e migliorare la vita in diversi modi. L'ipnosi è parte essenziale della psicoterapia, dove si può utilizzare per favorire il processo terapeutico, e in chirurgia e odontoiatria viene impiegata per alleviare il dolore. Sotto ipnosi, vi sentite cómpletamente rilassati, calmi e sereni, uno stato alterato estremamente benefico per il vostro corpo. L'ipnosi vi aiuterà a entrare in contatto con la parte più profonda della vostra natura, il subconscio.

L'ipnosi non significa necessariamente cadere in uno stato di trance quale è intesa di solito. Si tratta semplicemente di un'estensione dei comuni stati mentali, delle trance quotidiane che tutti noi abbiamo di tanto in tanto quando siamo profondamente assorti in preghiera, o preoccupati per qualcosa, dimentichi di quel che ci accade intorno.

Ogni giorno possiamo assistere a stati di veglia ipnotica. Non è qualcosa di strano e misterioso, limitato a condizioni anomale, ma è un evento piuttosto frequente nella vita di tutti i giorni. Nella forma più elementare si chiama arte del vendere; nella sua forma più profonda può salvarvi la vita. Vi è mai capitato di guidare lungo l'autostrada e di scoprire di aver superato l'uscita che dovevate prendere? Questo perché eravate in una lieve trance ipnotica, profondamente assorti nei vostri pensieri. O vi è mai successo di passare per una strada e poi non ricordarvi di averlo fatto? Questa è amnesia ipnotica. Noi guidiamo sia consciamente che inconsciamente. Guidare è diventata un'abitudine così radicata che la nostra mente conscia può dedicarsi tranquillamente alle chiacchiere o ai pensieri, mentre il subconscio tiene l'auto sulla strada. Questo fenomeno è tipico anche dei dattilografi. Uno può dattilografare del materiale mentre la sua mente è impegnata in mille pensieri diversi, perché in parte lo fa inconsciamente.

L'ipnosi è semplicemente uno stato di alta suggestionabilità. Non comporta necessariamente chiudere gli occhi e cadere in trance. Ogni volta che accettate un suggerimento, ossia una suggestione altrui, quella è una forma di ipnosi. Per esempio, se dico: "Dovresti metterti un impermeabile oggi perché credo che pioverà", e voi lo fate, questa è una forma di lieve ipnosi perché avete accettato il mio suggerimento.

La vita umana non potrebbe andare avanti senza ipnosi perché, se nessuno accettasse suggerimenti da qualcun altro, non succederebbe niente. Le aziende pagano fior di quattrini alle agenzie di pubblicità, che conoscono bene l'arte di far accettare alla gente i propri suggerimenti. Gli spot televisivi sono pieni di idee che si susseguono con una tale rapidità, e sono così allettanti, che gli spettatori non hanno l'opportunità di ragionarci sopra; perciò la suggestione si insinua nella loro mente subconscia. Quando uscite a comprare un prodotto che avete visto reclamizzato, state rispondendo a una suggestione ipnotica. La vita sarebbe ben limitata senza il potere della suggestione, ma il punto è imparare ad accettare le suggestioni giuste – le idee che vogliamo vedere manifestate nella nostra vita – e anche a dis-ipnotizzarci dalle suggestioni negative che abbiamo già accettato.

Contrariamente alla credenza popolare, nessuno può ipnotizzarvi se non volete, perché, in ultima analisi, qualunque tipo d'ipnosi è un'autoipnosi. Nessuno ha dei poteri speciali che voi non possedete. Un ipnotista è soltanto una persona che ha imparato la tecnica per aiutarvi a entrare in contatto con il vostro subconscio. Ma voi dovete avere la volontà di seguire le suggestioni, o non funzionerà. Se volete fare la parte del soggetto e consentite a qualcun altro di svolgere il ruolo dell'operatore, allora potete essere ipnotizzati. La capacità di essere ipnotizzati non è una cosa magica, misteriosa; in realtà è molto semplice, e chiunque lo voglia può riuscirci. L'ipnosi è una questione di gradi. Alcune persone sono soggetti eccellenti fin dall'inizio e sono capaci di entrare subito in uno stato di trance molto profonda, mentre altri hanno bisogno di allenamento. L'ipnosi è una capacità che si apprende; se desiderate diventare un buon soggetto, potete apprendere come raggiungere un profondo stato di trance. La cosa importante da ricordare è che *il potere di essere ipnotizzati non risiede nell'ipnotizzatore, ma nel soggetto.*

L'ipnosi è immaginazione, non forza di volontà. Non è una questione di ascendenza su una volontà fragile. L'ipnosi è concentrazione e disponibilità ad accettare delle suggestioni, e non ha niente a che fare con la forza di volontà. Infatti, le persone più intelligenti e creative tendono ad essere i migliori soggetti da ipnotizzare. I dottori Ernest e Josephine Hilgard, grazie alle ricerche condotte nella facoltà di Psicologia della Stanford University, hanno scoperto che gli studenti universitari che mostravano un elevato livello di coinvolgimento immaginativo erano i soggetti migliori. "Per coinvolgimento immaginativo", affermano gli Hilgard, "intendiamo una partecipazione talmente intensa a un qualche tipo di fantasia che la realtà viene messa da parte; l'esperienza viene percepita come realmente vissuta, e assaporata come tale. Lo scienziato che apprezza la fantascienza, senza che questa interferisca nella sua carriera di scienziato critico, rappresenta un ottimo esempio di questa flessibilità. Le aree di coinvolgimento differiscono da persona a persona; la lettura, la musica, la religione, un interesse estetico per la natura, il sognare a occhi aperti, alcuni tipi di attività fisica come lo sci, la pesca subacquea o la speleologia, possono tutti fornire una preparazione e un avvio all'esperienza ipnotica". Le persone creative, che hanno un'immaginazione molto sviluppata, sono soggetti eccellenti per l'ipnosi. Anche i giovani rispondono molto bene all'ipnosi perché la loro immaginazione è meno imbrigliata e rigida di quella dei grandi.

La maggior parte della gente trova l'autoipnosi relativamente facile da gestire, ma altri richiedono parecchia pratica. Vi potrà essere utile farvi prima ipnotizzare da un professionista, in modo da sperimentare lo stato, e poi vi sarà più facile farlo da soli. Sebbene la gente abbia paura di lasciare il controllo di sé a un'altra persona, il fatto è che l'ipnosi non vi priva della vostra forza di volontà, né diminuisce il vostro controllo. Nessuno può costringervi a essere ipnotizzati, né può farvi fare sotto ipnosi qualcosa che non volete fare. Se vi dicono di fare qualcosa che a voi non sta bene, resterete semplicemente seduti senza far niente, o aprirete gli occhi e uscirete dalla trance.

Una volta dissi a un uomo sotto ipnosi che il bicchiere d'acqua che aveva davanti era un analcolico contenente caffeina. I suoi occhi restarono chiusi, ma non bevve nemmeno un sorso. In seguito mi disse che apparteneva a una setta che non permetteva l'assunzione di bevande contenenti caffeina. C'è qualcosa dentro di noi che ci impedisce di agire dietro suggestioni che sono contrarie alla nostra natura; altrimenti, compreremmo ogni prodotto che reclamizzano in TV! Nonostante questo, non lasciatevi mai ipnotizzare da una persona che non conosce appieno le incredibili forze che entrano in ballo con l'ipnosi. Se cercate aiuto per un problema emotivo, controllate scrupolosamente il background e le credenziali dell'ipnotista, che dovrebbe essere qualcuno in possesso di una qualifica per l'esercizio di arti curative, come uno psicologo, uno psichiatra, un consulente matrimoniale (autorizzato in alcuni stati a praticare l'ipnosi), o un assistente sociale specializzato.

Contrariamente alla credenza popolare, non c'è perdita di coscienza nell'ipnosi. Il soggetto è in realtà pienamente consapevole, persino negli stadi più profondi. Se la dimostrazione avviene di fronte a un gruppo, il soggetto è conscio del fatto di essere osservato. Una volta, durante una dimostrazione, un ipnotista mi mise in uno stato di catalessi per poi distendermi sospesa tra due sedie, con il corpo sostenuto solo dalla mia testa e dai miei piedi. Quella mattina mi ero fatta un grazioso chignon, e uno degli uomini che mi sollevò il corpo rigido per metterlo in posizione mi urtò inavvertitamente la testa e mi rovinò l'acconciatura. Io mi resi perfettamente conto della cosa – e ne rimasi anche un po' seccata – ma questo non interferì affatto con la mia trance.

Per la maggior parte della gente spesso è difficile determinare quando si è raggiunto lo stato ipnotico. La transizione fra lo stato conscio e la trance è così graduale, e le evidenze psicologiche e fisiologiche del cambiamento così sottili, che è praticamente impossibile, specie se si usa l'autoipnosi, determinare in quale stato si è in un preciso momento. È possibile per una persona entrare in uno stato ipnotico con gli occhi spalancati e tenerli aperti per tutta la trance. Ovviamente è possibile parlare, anche se spesso l'eloquio è rallentato. Alcuni individui sperimentano sotto ipnosi delle sensazioni come il galleggiamento, la dissociazione dal corpo, vertigini, formicolii, pesantezza degli arti, e così via; altri invece non notano quasi differenze.

Per esempio, ho ipnotizzato persone che volevano smettere di fumare, che non hanno sentito niente durante la seduta, e pensavano che l'ipnosi non avesse funzionato, ma che poi non hanno più toccato una sigaretta in vita loro.

Un'altra falsa credenza è che la persona sotto ipnosi sia addormentata. Anche se le procedure di induzione spesso contengono suggestioni come "ti senti molto stanco e assonnato", quel che il soggetto raggiunge è uno stato "simile al sonno", ma non vero sonno. Il soggetto deve essere sufficientemente sveglio da sentire le istruzioni dell'ipnotista e, se si addormenta, non potrà eseguirle. Anche se durante l'ipnosi i muscoli sono sciolti e rilassati, il cervello è molto concentrato, e il soggetto si focalizza su quel che dice l'ipnotista a un livello molto elevato. A volte può capitare che il soggetto cada in un sonno leggero sotto ipnosi, ma gli studi hanno dimostrato che l'ipnosi è ancora efficace perché le suggestioni dell'ipnotista arrivano direttamente alla mente subconscia del soggetto. Tuttavia, se si sta facendo ricorso alla costruzione d'immagini mentali, come far immaginare a una donna sovrappeso d'essere magra, è preferibile che il soggetto sia perfettamente sveglio per partecipare alla visualizzazione.

Un'altra idea errata che riguarda l'ipnosi è che si dimentica tutto quel che è successo durante la trance. Questo accade molto raramente e di solito solo quando è stato l'ipnotista a dare al soggetto la diretta suggestione che avrà un'amnesia di quel che è successo. In circostanze normali, il soggetto è consapevole di tutto quel che viene detto, e in grado di ricordarlo.

Uno dei timori più diffusi tra la gente è che sotto ipnosi si possano rivelare i propri segreti più intimi e oscuri. Dato che i soggetti ipnotizzati si rendono perfettamente conto di chi hanno intorno, non tradirebbero mai una confidenza, né si metterebbero in imbarazzo più di quanto non lo farebbero se completamente svegli davanti alle stesse persone. Sotto ipnosi, i soggetti non rivelano informazioni che non vogliono; se la domanda è imbarazzante, restano semplicemente seduti senza dir niente. Un ipnotista esperto noterà la resistenza e cambierà tipo di suggestione.

Ci si chiede spesso cosa può accadere se l'ipnotista muore, o se ne va senza tornare, mentre il soggetto è sotto ipnosi. Sebbene estremamente improbabile, il soggetto si risveglierà spontaneamente quando sarà pronto. Accade, per quanto di rado, che il soggetto non apra gli occhi quando l'ipnotista gli dice di farlo. Non c'è bisogno di allarmarsi; di solito la persona è solo stanca e si sta godendo il riposo. Data la suggestione che cinque minuti di "sonno" ipnotico equivalgono a cinque ore di sonno reale, la persona si risveglierà completamente ristorata dopo cinque minuti. Oppure, si potrà semplicemente dire al soggetto di risvegliarsi quando vorrà. Nell'autoipnosi, potete darvi un segnale prestabilito per risvegliarvi al momento voluto, oppure dopo aver contato fino a un certo numero.

Il segreto dell'ipnosi, compresa l'autoipnosi, è un accordo interiore con se stessi. Dovete consciamente cooperare nel processo ed essere il più aperti e ricettivi possibile. Se pensate: "Non funzionerà", diminuirete l'efficacia del processo. Se, al contrario, accettate completamente l'idea di riuscirci, anche la vostra mente subconscia l'accetterà. Asserire con voi stessi che quel che vi viene suggerito sta accadendo davvero, porta alla convinzione.

Un ipnotista esperto è in grado di determinare quanto è profondo lo stato d'ipnosi di un soggetto osservando con attenzione i segnali del corpo, o facendo alcune prove, come intrecciare le dita del soggetto o interrogarlo con segnali prestabiliti delle dita. Certi fenomeni sono caratteristici di ciascuno dei tre principali stadi dell'ipnosi, anche se le risposte possono variare da individuo a individuo.

La **letargia** è il primo e più leggero stadio dell'ipnosi, caratterizzata da rilassamento muscolare e quiescenza dei sensi.
Il secondo stadio è la **catalessi**. Di solito viene indotta mediante un secco battito di mani o altro tipo di suono forte e improvviso nelle orecchie del soggetto. In questo stato il soggetto assume un'immobilità statuaria. I muscoli sono rigidi, non rilassati, e in grado di restare in posizioni molto scomode per ore senza affaticarsi. Gli ipnotizzatori, che lo fanno per dare spettacolo, spesso dimostrano questo stadio distendendo il soggetto su due sedie, sostenuto solo dalla nuca e dai piedi. Poi, per provare che non è un trucco, fanno sedere un paio di persone sulla pancia del soggetto, che continua a restare rigido.
Il **sonnambulismo** è il più profondo stadio dell'ipnosi. In questo stato aumenta l'attività dei sensi. È lo stadio in cui meglio si manifestano i prodigi dell'ipnosi. Le persone sono in grado di produrre dei fenomeni che nel normale stato di veglia non sarebbero capaci di rifare. Si tratta di quei fenomeni, quali straordinarie capacità mnemoniche, eccezionale acutezza di udito, ecc., che spesso raccontano i media. Per esempio, potreste aver sentito parlare di quella madre di appena 50 chili di peso che ha sollevato una Volkswagen con una mano, mentre con l'altra tirava fuori il figlioletto rimasto intrappolato sotto. In condizioni normali, la donna non sarebbe stata capace di compiere quello sforzo, ma in quel momento di panico la sua mente razionale non è stata in grado di dirle che non poteva sollevare una macchina, per cui la donna ha attinto direttamente alla sua mente subconscia e ha trovato la forza dentro di sé. Questo è un caso di ipnosi auto-indotta. L'ipnosi dimostra che dentro di noi esistono capacità virtualmente illimitate, se solo impariamo ad attingere alla saggezza della nostra mente subconscia.

Il motivo per cui l'ipnosi è efficace dipende da questi quattro princìpi:

L'immaginazione è più potente della forza di volontà

Nella lotta fra volontà e immaginazione, l'immaginazione vince sempre. Se immaginate qualcosa sotto ipnosi, anche se la ragione vi dice che non è così, produrrete ugualmente l'effetto. Usando questo principio, dovreste sempre impiegare l'immaginazione, e non la ragione, quando volete raggiungere un obiettivo. Per esempio, se volete perdere qualche chilo e vi offrono una bella coppa di gelato, dovreste subito immaginare come vi sentirete attraenti e felici quando raggiungerete il vostro peso forma, invece di tentare di usare la forza di volontà per rifiutare il gelato. Se, invece, cominciate a immaginare il gusto squisito del gelato, e poi cercate di usare la forza di volontà per resistere alla tentazione, verrete sconfitti.

L'immaginazione è più potente della ragione

Questo principio spiega perché tanta gente normale, razionale, segue ciecamente un tiranno o un dittatore. La loro immaginazione vince la loro ragione. Ecco perché i truffatori hanno successo: perché riescono a manipolare l'immaginazione della gente. Lo stesso motivo per cui a volte c'innamoriamo di una persona che la nostra ragione ci dice essere sbagliata per noi; c'è qualcosa in quella persona che ha catturato la nostra immaginazione (fantasia) e ne veniamo soggiogati.

La mente può considerare una sola idea alla volta

Se un ipnotista vi dice che le vostre mani sono incollate insieme, o vi convincete che lo sono, o pensate: "No, non lo sono". La mente non può considerare due idee contraddittorie nello stesso momento, per cui, per avere successo nell'ipnosi, non dovete opporvi alle suggestioni.

Qualunque condizione immaginata diventerà reale, se persistete, a patto che sia logica

La mente subconscia non sa distinguere tra un'idea fortemente immaginata e qualcosa che accade realmente nel mondo esterno. Ecco perché l'ipnosi e la visualizzazione funzionano. Dopo che la suggestione ipnotica è stata incubata, comincerà a manifestarsi nella vostra vita reale, a patto che la suggestione sia logica.

L'autoipnosi

Il primo requisito per autoindursi l'ipnosi è di trovare una posizione rilassata. Sedetevi comodi, con le mani abbandonate in grembo, non accavallate le gambe e tenete i piedi aderenti al suolo. Liberatevi da indumenti scomodi, allentate una cinta troppo stretta. Focalizzatevi su un punto vicino al soffitto. Qualunque cosa andrà bene, ma assicuratevi che sia al di sopra del livello degli occhi, perché questo li farà sforzare un poco e vi renderà più facile chiuderli. Mentre vi state concentrando su quell'oggetto, ditevi: "Le mie palpebre si stanno facendo sempre più pesanti. Ben presto saranno così pesanti che si chiuderanno, e io sarò completamente rilassato". Prestate molta attenzione alle palpebre e, mentre vi ripetete queste frasi, sentirete il desiderio di chiudere gli occhi. Non fate resistenza; lasciate che i vostri occhi si chiudano quando siete pronti.

In alternativa, potete contare da uno a dieci, chiudendo gli occhi ai numeri pari e riaprendoli ai dispari. I vostri occhi dovrebbero essere già chiusi quando arriverete a dieci; altrimenti, ricominciate semplicemente a contare. Mentre gli occhi si chiudono, sarà bene usare una frase chiave, tipo "Rilassati", per rendere ancor più profondo lo stato. Dovreste ripetere questa frase per tre volte, molto lentamente. Diventerà il vostro innesco abituale per indurre ancora lo stato d'ipnosi. Se volete, potreste usare il "Processo di rilassamento" descritto nell'Appendice A (pagina 171) per portare tutto il vostro corpo in uno stato di profondo rilassamento dopo aver chiuso gli occhi, registrando le indicazioni su nastro e ascoltandolo mentre vi rilassate.

Il passo successivo consiste nell'indurre un maggiore e più profondo rilassamento muscolare. Un'immagine consueta, usata dagli ipnotisti, è quella di scendere in ascensore, contando i piani da uno a dieci. Se avete paura degli ascensori, potreste usare una scala mobile o delle rampe di scale. Tuttavia, ho scoperto che quando do al soggetto la suggestione che "l'ascensore è molto sicuro, perfettamente sicuro in ogni suo aspetto", anche quelli che non amano gli ascensori non si rifiutano di usarli nella loro immaginazione. Potete contare i piani da uno a dieci, o da dieci a uno, proprio come se stesse scendendo nel sotterraneo di un grande magazzino.

L'idea di scendere nel subconscio è un simbolo universalmente accettato. Andare su simboleggia la mente conscia; andare giù è, ovviamente, associato allo scendere nel profondo.

Mentre cominciate la vostra lenta discesa, contando i piani che state passando, ripetetevi frasi che indichino il rilassarsi, il sentirsi stanchi e assonnati, lo scendere sempre più in fondo. Con l'occhio della mente, vedete i numeri sul pannello dell'ascensore che vi portano sempre più in basso.

Quando arrivate nel sotterraneo, immaginate che le porte dell'ascensore si aprano su una stanza con un grande, morbido, comodo letto al centro. Avvicinatevi al letto, sdraiatevi ed entrate in un sonno ipnotico. Mentre siete sul letto, ditevi: "Ora sono in un sonno ipnotico molto piacevole, e resterò in questo stato finché non tornerò all'ascensore" (o finché non conterete fino a dieci, o fino a qualunque segnale prestabilito).

A questo punto dovreste essere almeno in un lieve stato d'ipnosi e, con la pratica, riuscirete a raggiungere uno stato molto profondo. Se sentite di non essere completamente rilassati mentre siete sul letto, immaginate qualche altra scena rilassante (stare sdraiati sull'erba sotto un albero in una tiepida giornata di sole, o seduti in riva a un placido lago, o magari immersi in un bel bagno caldo). Usate qualunque immagine vi evochi l'idea di diventare sempre più rilassati.

Mentre si è in stato d'ipnosi, il tempo sembra passare molto velocemente. A volte vi sembrerà di essere rimasti in quello stato per un'ora, anche se in realtà non sono passati che una quindicina di minuti. Potreste persino cadere in un sonno leggero se siete stanchi, ma potete evitarlo usando una posizione seduta e non reclinata, e dandovi la suggestione di restare svegli. È molto importante restare svegli nell'autoipnosi perché siete voi stessi che dovete darvi le suggestioni. Potreste anche darvi una suggestione post-ipnotica per svegliarvi in un preciso momento, in modo da controllare la durata della vostra ipnosi. Questa è una tecnica che parecchie persone usano per farsi un sonnellino di mezz'ora esatta, e svegliarsi sempre al momento prefissato.

Per le vostre sedute iniziali, dovreste concedervi almeno una mezz'ora per l'induzione e le suggestioni. Quando diventerete esperti, potreste impiegare anche solo cinque minuti per indurvi l'ipnosi, e poi un'altra decina per le suggestioni.

Dopo esservi dati la suggestione di essere in un sonno ipnotico, testate la profondità dello stato ipnotico, ed esercitatevi ad accettare una suggestione che avete deciso. Un buon test iniziale consiste nella "prova delle palpebre incollate". Con gli occhi chiusi, ditevi: "Conterò fino a cinque; al cinque, le mie palpebre resteranno incollate, e non sarò in grado di aprirle finché non sarò pronto a svegliarmi". Poi ripetete:

1. Le mie palpebre sono incollate, e io non sono in grado di aprirle.
2. Più mi sforzo, più forte sono incollate.
3. Le mie palpebre sono incollate come se ci fosse una colla densa e pesante che le tiene chiuse; e non potrò aprire gli occhi finché non sarò pronto a uscire dal mio stato ipnotico.

4. Tra un momento cercherò di aprire le palpebre, ma non sarò in grado di farlo perché sono incollate. È impossibile aprirle; più mi sforzo, più loro resistono.
5. Incollate, incollate, incollate forte; e non potrò aprire gli occhi finché non sarò pronto a svegliarmi.

Ora, cercate di aprire gli occhi. Se il test ha successo, le vostre palpebre resteranno chiuse, per quanto vi sforziate di aprirle. Il principio qui è che non potete pensare contemporaneamente a due idee contrarie. Finché crederete fermamente di non poter aprire gli occhi, vi sarà pressoché impossibile farlo. Nell'accettare la vostra suggestione, il vostro subconscio impedisce agli impulsi nervosi di raggiungere i muscoli delle palpebre, che non si moveranno.

Alcune persone possono non gradire questo tipo di prova perché il pensiero di non essere in grado di aprire gli occhi è piuttosto inquietante, anche se si è perfettamente padroni di sé. In alternativa, si può usare un test analogo, la "prova delle mani incollate". Prima di entrare in ipnosi, intrecciate le dita in una posizione comoda, appoggiandole in grembo. Dopo il processo d'induzione, datevi lo stesso tipo di suggestioni usate per le palpebre incollate, ma sostituite "palpebre" con "mani". Mentre stringete le mani, premete forte i palmi, e visualizzate una colla densa e pesante che le tiene unite saldamente. Entrambe queste prove rendono più profonda l'ipnosi.

Se il test fallisce, datevi ulteriori suggestioni per approfondire il rilassamento, come: "Mentre sono qui rilassato, sto scendendo sempre più in fondo, e divento sempre più rilassato. Mi sento comodo fisicamente e il mio subconscio ha rallentato il mio respiro e il mio battito cardiaco, mentre io mi rilasso sempre di più. Sto diventando un soggetto ipnotico eccellente, e il mio subconscio sta rispondendo a tutte le mie suggestioni. Ora sto scendendo sempre più rapidamente, e mi sento più stanco e assonnato. Sto entrando in un sonno ipnotico molto piacevole". Potete usare anche un segnale manuale, del tipo: "Quando il mio indice si alzerà, sarò in una profonda trance ipnotica". Poi aspettate che il subconscio esegua quest'ordine.

Una volta che siete in uno stato ipnotico, ditevi: "Il mio subconscio adesso è completamente aperto e ricettivo a tutto ciò che sto dicendo. Eseguirà tutte le mie istruzioni perché è questo che desidero consciamente". A questo punto, dovreste cominciare a darvi suggestioni dirette, positive riguardo quel che volete. Nell'Appendice B (pagina 173) è contenuto un esempio di induzione che potrete usare come guida per costruire suggestioni per smettere di fumare, dimagrire, sviluppare la fiducia in se stessi, o qualunque cosa vogliate ottenere con l'autoipnosi.

Vi consiglio di mettere per iscritto le vostre suggestioni in anticipo affinché siano il più precise possibile. Dovete stare molto attenti a non programmare il vostro subconscio con suggestioni sbagliate. Un principiante dovrebbe sempre badare a come articola le idee e seguire le regole indicate nel capitolo sulla visualizzazione (vedere pagina 125). Le suggestioni si possono abbreviare in una parola chiave, tipo "sano", "magro", o "sicuro", quando avete fretta e non avete abbastanza tempo per l'intero programma. Oppure, potete condensare l'idea in una frase, come: "Sto dimagrendo rapidamente".

La ripetizione è la regola principale per delle suggestioni efficaci. Ripetetevi almeno tre volte le vostre suggestioni per essere sicuri che penetrino a fondo nel vostro subconscio. Lo sanno bene i pubblicitari, ecco perché in televisione passano gli stessi spot un'infinità di volte: la mente conscia si stanca e smette di farci caso, ma a quel punto la pubblicità mira direttamente all'inconscio senza più ostacoli.

Sarà bene aggiungere visioni mentali alle suggestioni positive perché il subconscio pensa per immagini. La tecnica della visualizzazione verrà discussa più ampiamente nel Capitolo 5 (vedere pagina 73). Per adesso, sarà sufficiente dire che dovreste vedervi, con gli occhi della mente, che siete magri, vi comportate con sicurezza, superate un esame, o qualunque altro sia il vostro obiettivo. L'immagine visualizzata dovrebbe sempre rappresentare il risultato desiderato. È meglio lavorare con non più di due suggestioni alla volta, in modo da non disperdere energie in un campo troppo vasto. Oppure, potete lavorare a un obiettivo per una settimana, per poi passare a un altro, mentre la vostra mente subconscia comincia a eseguire la prima suggestione.

Quando siete pronti a risvegliarvi dal vostro stato ipnotico, ditevi: "Sarò facilmente in grado di realizzare tutte le suggestioni che mi sono dato. La prossima volta che lo farò, sarò in grado di scendere ancor più in fondo, e più rapidamente. Adesso conterò fino a cinque (o qualunque sia il segnale che avevate stabilito). Al cinque mi sveglierò, completamente fresco e riposato, pieno d'energia, e mi sentirò meravigliosamente bene in ogni senso!".

La teoria dell'ipnosi

Le idee vengono concepite dalla parte conscia della mente, che a sua volta le trasmette al subconscio. Il subconscio risponde all'idea e comincia ad attuarla. La mente conscia produce l'*impressione*, mentre il subconscio produce l'*espressione*. È sempre la mente conscia che determina cosa dev'essere fatto, e il subconscio fornisce il potere con cui farlo. Voi, l'anima, avete la capacità di pensare, di prendere la decisione, di creare l'idea, ma non avete il potere di attuarla.

Per esempio, se volete alzare una mano per fare una domanda in classe, potete prendere consciamente la decisione, ma non sapete come muovere i muscoli interessati all'azione. È il subconscio che fa il lavoro, e voi non sapete come opera. Tutto quel che potete fare consciamente è dare origine all'idea.

Sotto ipnosi, la mente conscia abdica temporaneamente alla propria capacità generativa e la consegna all'ipnotista. L'ipnotista diventa così, per un certo tempo, la parte generativa dell'individuo e pensa l'idea che il subconscio del soggetto attuerà. In questo modo, sotto ipnosi, si forma ciò che potremmo definire una "personalità composita" tra i due individui, che agiscono come uno solo (Figura 6).

Ricordate che la mente subconscia può funzionare solo in modo deduttivo, come spiegato nel Capitolo 3, "Riprogrammare la mente". Non ha assolutamente alcun potere di ragionare, analizzare, giudicare, scegliere, negare od obiettare alcuna idea le venga data. Le idee devono essere scelte a livello conscio perché, una volta che il concetto viene accettato dalla mente conscia, penetra nel subconscio dove rimane per sempre, indipendentemente dal fatto che sia vero o falso, giusto o sbagliato. Il segreto per impiantare un'idea nel subconscio è questo: *Se è logica, s'impianta; e se s'impianta, sei preso!* Certo, logico non vuol dire necessariamente *vero*. Significa semplicemente che l'idea non può essere confutata dalle attuali conoscenze della parte conscia della mente, e quindi viene accettata, penetra nel subconscio e diventa parte del sostrato psichico della persona.

Dato che il subconscio non può respingere o negare idee date dalla mente conscia, se continuate a dire al vostro subconscio che quella tal cosa per voi è dannosa, e può provocarvi un infarto, o sviluppare un cancro, o qualunque altra idea distruttiva pensiate, alla fine il subconscio eseguirà il vostro ordine. Se ripetete al vostro subconscio che siete inadeguati, timorosi, incapaci di guadagnare bene, e così via, alla fine vi obbedirà.

Se il subconscio fosse in grado di respingere certe idee, e scegliere soltanto quelle favorevoli alla nostra salute e alla nostra crescita, non ci ammaleremmo mai, non falliremmo mai, e saremmo sempre individui sani, felici e perfetti, ma non avremmo libera volontà. Saremmo praticamente tutti uguali, perché il subconscio sceglierebbe solo le idee positive e costruttive, scartando il resto. Questa però non è la funzione della mente subconscia. L'anima (la mente conscia) è la responsabile della personalità, ed è compito dell'anima scegliere le idee giuste, positive, salutari che vuole vedere manifestarsi nella vita.

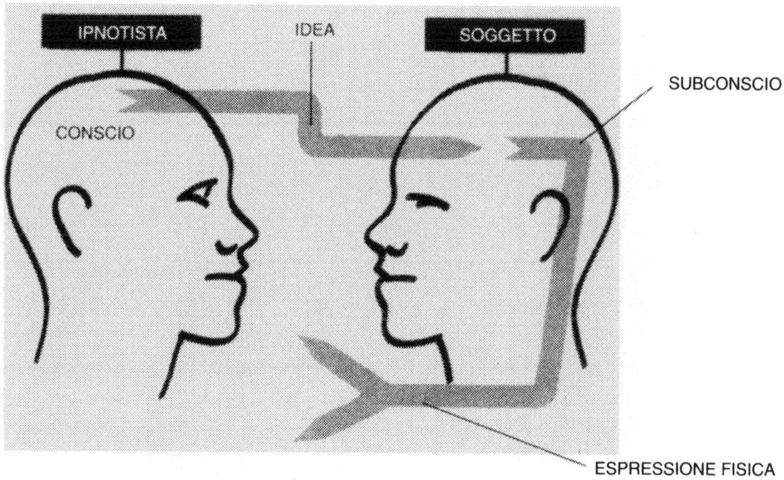

Figura 6. La personalità composita dell'ipnosi

Sotto ipnosi, voi entrate in contatto diretto con la vostra mente subconscia, che non si opporrà in alcun modo alle idee che le fornite. Per esempio, se dite a una persona sotto ipnosi, quando il subconscio è messo a nudo, che ha una forza straordinaria, o che non sentirà alcun dolore quando le infilerete un ago nel braccio, lo spirito non obietterà, e attuerà la suggestione. L'unica funzione del subconscio è quella di esprimere le idee che ha ricevuto, e non potrà opporsi né ragionare su quanto gli viene detto, ma solo accettarlo e obbedire.

Le idee che entrano nel subconscio possono venire sia da altre persone, che originare nella mente conscia dell'individuo. La cosa importante da ricordare è che le idee o i concetti si impiantano nel subconscio di ogni persona e, se sono di natura negativa, prima o poi causeranno dei problemi alla vita fisica o emotiva dell'individuo.

La mente subconscia è il potere dietro lo scettro; è la fonte dell'energia dinamica della vita di una persona. Riceve le impressioni dei pensieri e dei desideri della mente conscia, e inevitabilmente li esprime nell'organismo fisico, e nel carattere e nella vita della persona. Il subconscio è il grande mondo interiore da cui tutto procede. Quel che lì viene programmato governa la nostra vita!

Il dottor Thurman Fleet, fondatore della "Terapia del concetto", afferma: "In una misura maggiore di quanto possiate mai sognare, ricevete dalla vita esattamente quel che in fondo vi aspettate. Il potere del vostro subconscio organizza i vostri affari e vi procura esattamente quelle cose e quelle condizioni che avevate pensato e visualizzato nel vostro pensiero conscio. Quel che adesso siete, la vostra posizione nella vita, è il risultato dei pensieri passati. Non esiste il caso. Voi avete visualizzato un certo stile di vita e ci avete pensato talmente che avete spinto il vostro subconscio a manifestarlo per voi". Perciò, se volete sapere cosa state chiedendo, date un'occhiata a cosa avete ricevuto! Se non vi piace, avete il potere di cambiarlo, proprio grazie allo stesso processo attraverso cui si è manifestato all'inizio.

Ricordate, il grande Potere Creativo Interiore non pensa. Non ha la facoltà di ragionare. Non agisce di per sé, ma deve essere messo in movimento dai vostri pensieri o da un'impressione ricevuta dall'esterno. Le tecniche di trasformazione presentate in questo libro vi mostrano come guidare consciamente lo spirito nella maniera giusta, così da poter cambiare la vostra vita in meglio. Non solo potrete cambiare il vostro ambiente o le condizioni economiche, ma persino alterare lo stato di salute del vostro corpo e della vostra mente.

Ricordate che il subconscio è vostro servitore. Voi siete i generatori di idee, e tutto quel che vi si chiede è di pensare idee positive invece che negative. Tenendo sempre a mente questi concetti, essi si istaureranno gradualmente nel vostro subconscio, e quindi si manifesteranno nella vostra vita. Diventate voi stessi creatori, e create pensieri positivi che, col tempo, si realizzeranno.

Per quel che ne sappiamo, questo Potere Creativo Interiore è illimitato. Quel che davvero desiderate, e vi aspettate fiduciosi, riceverete. Quindi, usate questo potere in modo saggio. Pensate a cose positive e costruttive, e non soffermatevi mai su idee negative e distruttive. Se desiderate nella vita qualcosa che per voi è costruttivo e opportuno, allora visualizzatelo, e col tempo scoprirete che si realizzerà. Ripetetevi quotidianamente l'immagine mentale o la suggestione e, se persistete senza frapporre dubbi, quel qualcosa vi capiterà. I vostri unici limiti sono i vostri stessi pensieri. Non ne esistono altri!

Per riassumere i principali punti di questo capitolo:

1. Mettete per iscritto le vostre suggestioni affinché siano esatte e precise.
2. Simboleggiate le suggestioni con una parola chiave (risposta condizionata).
3. Leggete le vostre suggestioni a voce alta prima di autoipnotizzarvi, per fissarle bene in mente.
4. Scegliete un posto tranquillo dove poter trascorrere dai quindici ai trenta minuti di tempo ogni giorno per esercitarvi nell'autoipnosi.
5. Sedetevi comodi con le mani abbandonate in grembo e le gambe non incrociate.
6. Fissate lo sguardo su un punto sopra il livello degli occhi. Mentre fissate quel punto, rilassate il corpo e ripetetevi che le palpebre stanno diventando

pesanti, molto pesanti, e che presto si chiuderanno e resteranno chiuse finché non sarete pronti a uscire dallo stato ipnotico.

7. Con gli occhi chiusi, ditevi che vi state sempre più rilassando. Cominciate dalla cima della testa e rilassate ogni muscolo fino alla punta dei piedi, oppure al contrario. Cominciate con la frase chiave: "Rilàssati".
8. Visualizzate una scena rilassante, come distendersi su un soffice prato tra gli alberi, farsi un bel bagno caldo, scendere dieci piani in ascensore, sdraiarsi su un comodo letto.
9. Datevi un segnale di innesco, come sollevare il dito indice, per indicarvi che avete raggiunto l'ipnosi. Quando avviene, ditevi: "Adesso sono in una profonda ipnosi".
10. Visualizzate il risultato della vostra suggestione, usando quanti più input sensoriali potete. Per esempio, visualizzatevi con il peso desiderato, con indosso abiti che vi stanno a pennello. Visualizzate altre persone che vi dicono che state d'incanto.
11. Datevi suggestioni dirette e positive che adesso state facendo quel che volete fare, e siete quel che volete diventare.
12. Lavorate su una, massimo due, suggestioni a seduta.
13. Prima di darvi il segnale per il risveglio, ditevi che realizzerete tutte le suggestioni che vi siete date e che la prossima volta entrerete in uno stato di ipnosi ancora più profondo. Ricordatevi che vi sentirete freschi, riposati e pieni d'energia al risveglio.
14. Esercitatevi nell'arte dell'autoipnosi ogni giorno per diventare abili esperti.

Questo metodo di autoipnosi, se applicato con scrupolo, vi aiuterà a raggiungere gli obiettivi che desiderate nella vita. Chiunque può fare eccellenti progressi nella crescita personale se dedica del tempo a stabilire un rapporto con la propria mente subconscia. Voi avete la facoltà, tutto sta a metterla in pratica!

L'ipnosi è la chiave per una vita più felice e il mezzo attraverso cui contattare il nostro io interiore. Questo Grande Potere dentro di noi è pronto a servire ogni nostra necessità, se solo lo chiamiamo. Grazie a questa tecnica, potrete stabilire i vostri obiettivi e raggiungerli, e imparare a ottenere dal vostro subconscio informazioni di cui non siete consciamente consapevoli. Nell'antica Grecia, c'era una iscrizione sul Tempio di Delfi che diceva: "Conosci te stesso". L'ipnosi è un mezzo con cui ciascuno di noi può entrare in contatto con la parte più intima di sé, e vivere una vita molto più ricca e soddisfacente.

5. IMMAGINAZIONE: LA CHIAVE PER IL REGNO

L'immaginazione è il principio della creazione.
Voi immaginate quel che desiderate, volete quel che immaginate
e alla fine create quel che volete.

GEORGE BERNARD SHAW

Tutti i grandi uomini e le grandi donne del mondo hanno sempre usato il potere dell'immaginazione per crearsi il successo. Sono diventati grandi proprio perché hanno osato immaginare grandi risultati. Si sono costantemente figurati nella loro mente cosa volevano, e il Grande Potere Interiore, ricevute queste immagini su cui lavorare, alla fine le ha realizzate. Qualunque cosa vi stia capitando nella vita è il risultato di un'immagine della vostra mente, e qualunque cosa vi capiterà in futuro sarà il risultato delle *vostre* immagini, non di qualcun altro. Occorre quindi che formiate una corretta immagine di ciò che volete vedere verificarsi nella vostra vita o personalità, e trasmettere quest'immagine al Potere Creativo Interiore affinché la manifesti. Noi siamo tutti direttamente o indirettamente responsabili di quasi tutto quel che ci accade, anche se spesso è più facile accusare qualcun altro o qualcosa d'altro. Ovvio che ci sono determinate circostanze che sfuggono al nostro controllo, come le calamità naturali, gli incidenti, ecc. Ma, se conosciamo come funziona la mente, sapremo capire che il modo in cui pensiamo e sentiamo è intimamente collegato a ciò che ci succede.

Se ci alziamo la mattina pensando che sarà una brutta giornata, che tutto andrà storto, probabilmente succederà proprio così. I nostri pensieri fluiscono nell'universo sotto forma di vibrazioni e attirano verso di noi esattamente quel che stiamo emanando. Se siete sempre circondati da difficoltà, la soluzione consiste nel cambiare l'immagine nella vostra mente e immaginare una vita più positiva e soddisfacente.

La visualizzazione creativa è la tecnica di usare la vostra immaginazione in un modo sistematico e strutturato per creare quel che volete. Certo, noi tutti usiamo l'immaginazione di continuo, spesso in modo inconscio e casuale, o negativo. La preoccupazione, per esempio, è un'immagine molto potente, e i pensieri preoccupanti sono sempre negativi e distruttivi. Ogni volta che vi preoccupate di non ottenere la paga che volete, di venire licenziati, di avere un incidente d'auto, o di non raggiungere la vostra quota di vendite, state programmando la vostra mente in maniera distruttiva. Dato che ci hanno inculcato tanti concetti negativi su noi stessi, automaticamente ci aspettiamo e *immaginiamo* di avere delle difficoltà, delle limitazioni e delle sfortune, che alla fine si realizzeranno.

Correttamente guidata, l'immaginazione è la chiave che schiude la porta al successo, all'amore, alla salute, alla prosperità, alla fiducia in se stessi, alle relazioni appaganti e a una maggiore autoespressione. Abbiamo soltanto bisogno di diventare consciamente consapevoli di quel che stiamo creando, e di cambiare la programmazione se non ci piace.

Ciascuno ha un proprio concetto base su di sé, formatosi principalmente con le idee che altri ci hanno fornito durante i primi anni di vita, e anche con le reazioni che vediamo suscitate nelle persone che incontriamo tutti i giorni. Purtroppo, il concetto base, che la maggior parte della gente ha su di sé, comprende idee di fallimento, rifiuto, inferiorità, cattiva salute, inadeguatezza, instabilità finanziaria, e altri pensieri negativi. Analizziamo il tipo di suggestioni che molte persone ricevono durante il loro processo di crescita. Alcuni dei più tipici concetti base che sento dire ai miei pazienti sono:

"Non sono capace di guadagnare abbastanza".
"Mi sento inferiore a tanta gente".
"Sono troppo sensibile, tutto mi turba".
"Non riesco a prendere buoni voti a scuola".
"Ho una pessima memoria".
"Non avrò mai successo".
"Non sono brillante come gli altri".
"Non riesco a organizzarmi".
"Penso di non essere molto attraente".

Tutti noi siamo stati esposti a simili idee negative mentre crescevamo. Ricordate i vostri genitori che vi dicevano cose tipo "non concluderai niente nella vita", "non ne combini una giusta", "sei proprio uno stupido", "non sei molto brillante", "sei pigro ed egoista", "sei carina, ma Marsha è quella intelligente", o frasi del genere? O magari un insegnante che vi diceva "se non riesci a scriverlo è meglio che lasci perdere", "non sarai mai bravo in matematica" o "hai una pessima memoria"? Affermazioni come queste, sebbene spesso intese a stimolarci, pregiudicano gravemente la fiducia in noi stessi e la nostra autostima. La ripetizione costante di queste idee negative alla fine può farci sentire socialmente inadeguati e incapaci di comunicare con gli altri.

Qualche tempo fa, mi occupai di un gruppo di terapia in cui c'era una donna che raccontò che la madre le diceva sempre: "Oh, Mary, non hai nessuna personalità!". E, infatti, non l'aveva. Questa sfortunata signora non aveva sviluppato alcuna capacità sociale, e la sua naturale autoespressione era stata soffocata dall'idea di essere inadeguata. Se vi sentite così, è il concetto che avete di voi la causa di tutto. Siamo noi che ci poniamo dei limiti, che non sono altro che un'idea che opera nella nostra mente subconscia. È chiaro che molte di queste idee negative ci sono state inculcate da altri quando eravamo troppo giovani e inesperti per respingerle. Ma adesso che siamo adulti, possiamo cambiarle e riprogrammare le nostre menti con lo stesso procedimento.

Il vostro futuro dipende dai pensieri che avete nel presente. Quel che pensate di essere *siete!* E potete diventare qualunque cosa vorreste essere. Nel suo meraviglioso libro *The Crack in the Cosmic Egg*, Joseph Chilton Pearce parla del "mondo statistico", il cosiddetto mondo della realtà. Molta gente ama dire di essere "realista", e quindi si rinchiude nel mondo statistico, assoggettandosi ai dettami delle statistiche e dei "fatti", con la convinzione che quel che le succede è frutto del puro caso.

Veniamo costantemente programmati secondo le statistiche, tipo "Un certo numero di persone in questa stanza morirà di cancro entro l'anno", "Cinquecento persone resteranno uccise in incidenti stradali questo weekend", "In questi giorni è difficile trovare lavoro perché le aziende stanno ancora licenziando un sacco di gente". Certo, questi sono fatti. Il mondo statistico è una realtà perché c'è gente che rende vere queste statistiche. Sono persone che non hanno il controllo della propria vita perché non sanno niente del potere della loro mente, e sono vittime inermi delle vicissitudini della vita. Chi è in grado di pensare positivamente, tuttavia, e controlla i propri pensieri, non si lascia intrappolare dalle statistiche. Una persona simile può essere coscientemente superiore "ai colpi e ai dardi dell'oltraggiosa sorte". Come afferma Pearce: "Un serio e deciso impegno mentale, combinato con l'uso attivo dell'immaginazione, può essere il fattore determinante in ogni questione, superando tutte le avversità, e superando anche la sorte".

Nel formarvi immagini delle cose che desiderate, sarà bene non parlarne con persone che non condividono la vostra visione. Una persona negativa può distruggere totalmente la vostra immagine instillandovi il dubbio sulla sua credibilità. Concentrarsi sull'immagine del proprio desiderio richiede moltissima energia, specie se le circostanze sono sfavorevoli. Già dovrete lavorare sodo per eliminare i vostri dubbi, e non avete certo bisogno di essere influenzati dai dubbi degli altri, che non capiscono il potere della mente. Pearce afferma: "*La non-ambiguità è la forza che plasma la realtà!*". Una frase di un'importanza enorme perché significa che quando eliminerete ogni dubbio sul fatto che riceverete quel che avete immaginato, sicuramente accadrà. Credete nelle vostre immagini con tutta la forza, e non permettete agli increduli di distorcere o distruggere la vostra fede citando statistiche, o elencandovi tutte le ragioni per cui non potete realizzarle.

Creatività e immaginazione

Creare quel che volete nella vita dipende dall'uso della forza più potente al mondo: l'immaginazione. *Sostenendo immagini mentali di qualsiasi tipo – belle o brutte – alla fine produrrete un effetto fisico*, a patto che le immagini siano logiche. Purtroppo il nostro sistema educativo tende a soffocare l'immaginazione per porre tutta l'enfasi sul pensiero razionale. Ecco uno dei motivi per cui i giovani non amano troppo la scuola. Se avete un figlio con un'immaginazione attiva, avete un potenziale genio, perché tutte le persone creative hanno un'immaginazione molto sviluppata. È la fonte delle loro idee, il regno della vita interiore. Einstein disse: "L'immaginazione è più importante della conoscenza", aggiungendo che molte delle sue idee gli vennero mentre stava sognando a occhi aperti o fantasticando, e non mentre si stava applicando razionalmente a un problema.

Dato che la creatività – la capacità di guardare le cose in modo diverso e originale – dipende dall'immaginazione, ne consegue che se desideriamo essere più creativi, dobbiamo farlo sviluppando la nostra immaginazione. Gli artisti, gli scrittori e i musicisti nascono già con una grande capacità immaginativa, ma questa capacità si può imparare. A volte, nei miei seminari, certe persone mi dicono che non riescono a visualizzare nessuna delle cose che suggerisco durante il processo. Non è vero. Tutti sono in grado di visualizzare le cose, solo che i modi possono essere diversi. Certa gente riesce a visualizzare esattamente un'immagine proiettata davanti a sé mentre ha gli occhi chiusi, mentre altri "avvertono una sensazione" dell'oggetto, dell'attività o dell'evento. Se non riusciste a visualizzare le cose non potreste mai tornare a casa, perché nella vostra mente avete l'immagine di come è fatta casa vostra, e delle strade che dovete percorrere per arrivarci. Se non aveste in mente l'immagine delle persone che vi circondano, non sareste in grado di riconoscerle quando le vedete. La vostra immagine mentale corrisponde al modo in cui vi appaiono, e sareste perfettamente in grado di tracciare un disegno dei vostri cari, per quanto rozzo, se ve lo chiedessero.

Visualizzazione e psicoterapia

Uno dei pionieri della visualizzazione, il dottor Joseph Wolpe, uno psichiatra della Facoltà di Medicina della University of Virginia, usò la costruzione di immagini mentali per aiutare le persone che soffrivano di fobie. Egli riteneva che una fobia fosse un comportamento appreso, e non il risultato di un trauma infantile, e che la fobia si poteva "disimparare" se il paziente riusciva a sviluppare una reazione opposta alla paura. L'idea era quella di insegnare al soggetto fobico a rilassarsi profondamente in presenza dell'oggetto temuto; in fin dei conti, non si può avere paura ed essere rilassati al tempo stesso. C'era però un problema: in alcuni casi non era possibile stare con i pazienti nel momento in cui si trovavano ad avere paura, per esempio con quelli che avevano paura dell'aereo. Il dottor Wolpe allora provò l'esperimento di far *immaginare* ai pazienti la loro fobia mentre erano rilassati. Funzionò. Con poche brevi sedute, i suoi pazienti furono in grado di superare le loro annose fobie, grazie a questo metodo che gli psicologi chiamano "desensibilizzazione sistematica". Adesso la visualizzazione viene ampiamente usata nella moderna psicoterapia e si è dimostrata molto efficace nell'aiutare i pazienti a gestire le crisi.

Qualche anno fa, venne in terapia da me Barbara, una casalinga che era diventata talmente depressa da non riuscire quasi ad alzarsi dal letto la mattina. A stento riusciva a vestirsi prima che il marito tornasse dal lavoro, e dovette far ricorso a tutte le sue forze per venire nel mio studio. La sera preparava una cenetta semplice per sé e il marito, e poi si sedeva davanti alla televisione, sprofondando sempre più nella sua depressione. Nel corso della terapia, le chiesi di fare un elenco di "eventi corroboranti", cose che prima le dava gusto fare, dato che è molto importante per le persone depresse programmare ogni giorno attività che amano fare. Di solito chiedo al paziente di includere almeno una di queste attività nella sua giornata tipo. Ma questa donna era talmente depressa da non potersi godere nemmeno piccoli piaceri come farsi una passeggiata nel parco, andare dal parrucchiere o prendersi un caffè con un'amica. A quel punto, le chiesi almeno di trascorrere qualche minuto ogni giorno a ripassare mentalmente le attività del suo elenco. In breve tempo fu in grado di tradurre le fantasie in realtà, e la sua vita divenne più piacevole.

Ci sono molti modi per utilizzare la visualizzazione strutturata.

Un'altra mia cliente, una giovane studentessa di legge, doveva dare l'esame per l'esercizio della professione dopo qualche mese, e aveva il terrore di non farcela. Dopo anni di intensi studi per acquisire la laurea, Marilyn sentiva il suo futuro in bilico, e un'eventuale bocciatura e non ammissione all'ordine degli avvocati l'avrebbero distrutta. Per alcune settimane lavorai con lei, suggerendole di visualizzarsi calma e rilassata mentre sosteneva l'esame, con la mente limpida e vigile, e le risposte che le venivano di getto. Sviluppammo anche un'immagine del futuro, in cui si recava nella sede del giornale locale e vedeva il proprio nome scritto sull'albo, tra coloro che avevano superato l'esame. Inoltre, si vide ricevere l'annuncio ufficiale per posta, e immaginò la sua famiglia che si congratulava con lei per il successo. La sua immagine si realizzò: superò l'esame tra i primi quattro.

Visualizzazione e sport

Oggigiorno molti preparatori atletici includono la tecnica di trasformazione della visualizzazione nel consueto programma di allenamento dei loro atleti. Charles Garfield, un ex sollevatore di pesi e psicologo presso la University of California a Berkeley, raccontò nel *Brain/Mind Bulletin* (marzo 1980) di aver usato la visualizzazione con gli aspiranti alle Olimpiadi per ottimizzare le loro prestazioni atletiche. "La chiave", affermò Garfield, "consiste nel visualizzare con una chiarezza tale da sentirti veramente in quella situazione. Il sistema nervoso centrale non sa la differenza tra una profonda e potente visualizzazione e l'evento stesso, per cui l'azione fisica dell'evento reale non è altro che la replica di un evento già svoltosi e finito nell'immaginazione".

La visualizzazione funzionò alla grande per Chris Evert, adesso ritiratasi dalle competizioni ufficiali, che era una delle teste di serie del tennis. Prima di ogni incontro, si sedeva rilassata e visualizzava ogni mossa, vedendosi ribattere ogni volée dell'avversaria e alla fine vincere il match. I suoi straordinari successi convalidano l'efficacia di questo approccio.

Mike Spino, direttore dell'Esalen Sports Center di Big Sur, California, allena i fondisti usando la visualizzazione. I corridori immaginano una grossa mano sulla schiena che dà loro assistenza durante la gara e li sostiene quando si sentono stanchi. Spino crede che in futuro le tecniche di visualizzazione saranno uno degli aspetti più importanti della preparazione atletica. Edmond Jacobson, uno psicologo famoso per la sua tecnica di rilassamento, ha dimostrato che, se una persona immagina se stessa che corre, sono rilevabili piccole ma significative contrazioni dei muscoli che vengono usati per la corsa[2].

Il Centro per l'Apprendimento Accelerato del Wisconsin ha condotto uno studio su alcuni studenti di quattro università, che ha dimostrato che la visualizzazione migliora l'apprendimento e la memoria. Secondo la ricerca, sovvenzionata da fondi federali, gli studenti che avevano usato immagini mentali fornirono prestazioni in memoria immediata del 12 per cento migliori rispetto a coloro che avevano imparato lo stesso materiale senza visualizzazione. Inoltre, quelli che avevano usato le immagini mentali mostrarono una memoria a lungo termine del 26 per cento migliore rispetto a quelli che non le avevano usate[3].

Il collegamento mente/corpo

La visualizzazione funziona perché *il subconscio non sa distinguere tra qualcosa di fortemente immaginato e qualcosa che accade realmente nel mondo fisico.* Gli anatomisti hanno dimostrato che ci sono delle vie di collegamento fra la parte del cervello in cui immagazziniamo le immagini e il sistema nervoso autonomo che controlla le attività involontarie come la respirazione, il battito cardiaco e la pressione sanguigna. Ci sono anche dei collegamenti tra il sistema nervoso autonomo e alcune ghiandole, come l'ipofisi e le ghiandole surrenali. Questo significa che tutte le immagini che formiamo nella mente hanno un impatto su ogni cellula del nostro corpo. Pensare non è soltanto un'azione della mente, ma un azione di tutto il corpo.

Nel suo libro *The Body of Life*, Thomas Hanna scrive:

> La natura dell'attività del nostro pensiero determina automaticamente la natura dell'attività del nostro corpo... Quando pensiamo e ripensiamo agli stessi pensieri di vendetta, attiviamo e riattiviamo i muscoli e le ghiandole del nostro corpo. Quando pensiamo e ripensiamo agli stessi pensieri di delusione, imprimiamo costantemente il loro potere di moto nei tessuti del corpo finché questi non si afflosciano nella miseria.

Se comprendiamo quest'intimo collegamento tra mente e corpo, potremo

[2] Jacobson Edmund, *Progressive Relaxation*, University of Chicago Press, 1974.

[3] Meier, Centro per l'apprendimento veloce, 1103 Wisconsin St., Lake Geneva, Wisconsin 53147.

rinnovarci sia mentalmente che fisicamente attraverso immagini positive. L'evidenza più lampante di questo viene dimostrata dall'ipnosi. Nei miei seminari di autoipnosi, ho avuto il privilegio di assistere agli straordinari poteri della mente subconscia. In diverse occasioni ho dimostrato l'eccezionale controllo della mente sul corpo con semplici esperimenti, come infilare un ago per un paio di centimetri nel braccio di un soggetto, senza che questi provasse dolore. Rimosso l'ago, il soggetto continua a non sentire dolore, e la puntura non sanguina, ma, anzi, scompare dopo pochi istanti, e il soggetto spesso non si rende nemmeno conto di dove gli è stato inserito l'ago.

Il subconscio è simile a Dio: è onnisciente e guarisce tutto, e si prende cura di voi se gliene date l'opportunità. Non dorme mai; se lo facesse, non vi risvegliereste più al mattino, perché è il subconscio che s'incarica della respirazione, della circolazione sanguigna, della digestione e di tutte le altre funzioni corporee che avvengono mentre la vostra mente conscia dorme.

Quel che dovete fare è ripetere continuamente al vostro subconscio ciò che volete, e lui provvederà a realizzarlo. Purtroppo, invece di lavorare positivamente per conquistare ciò che vogliono, molte persone cominciano a preoccuparsi di non ottenerlo. Questo produce energia negativa, e voi finite per fissare la vostra mente sull'immagine di un insuccesso. L'energia negativa si accumula quando cominciate a dire in giro che vorreste raggiungere quel tale obiettivo ma che temete di non farcela. Gli altri, a loro volta, tratterranno quell'immagine negativa. In questo modo, trasmettete continuamente al vostro subconscio il messaggio di *non* realizzare quel che desiderate. Il subconscio è terreno fertile: quel che seminate raccoglierete.

La visualizzazione creativa

L'arte della visualizzazione è una tecnica di trasformazione che potete usare per ottenere quel che volete dalla vita: amore, prosperità, fiducia in voi stessi, dimagrimento, un nuovo lavoro, una nuova auto, qualunque cosa. La formazione di immagini visuali è una metodologia molto accurata che può trasformare la vostra vita, ma ci sono certe regole. Di seguito, sono riportati i passi da seguire per creare la vostra stessa realtà attraverso la visualizzazione creativa.

In primo luogo, trovate un posto tranquillo dove potervi rilassare indisturbati. Come dimostrano gli studi sull'ipnosi, la mente subconscia è altamente suggestionabile quando siete in uno stato di profondo rilassamento; quindi, più vi rilassate, più efficace sarà la visualizzazione. Se non siete abituati a un profondo rilassamento, fate riferimento all'Appendice A, oppure usate la tecnica descritta nel capitolo sull'autoipnosi (pagina 56). Ovviamente, non cercate mai di visualizzare con la televisione o la radio accese, o quando ci sono bambini che scorrazzano per tutta casa. Se non riuscite a trovare un posto dove poter stare tranquilli per almeno dieci minuti, chiudetevi in bagno.

1. Usate frasi positive

Prima di iniziare la visualizzazione, fate un breve, conciso riassunto di quel che volete esattamente, e usate sempre frasi positive. Per esempio, se volete perdere peso, non dite: "Non voglio essere grasso". Questo suscita una vibrazione nelle cellule del vostro cervello collegate all'immagine dell'obesità e rafforza l'idea che siete sovrappeso. Se anche è vero, non rafforzate l'immagine ricordandovelo. Dite piuttosto: "Sto dimagrendo" o "Sto diventando ogni giorno più magro". Se vi sentite inadeguati, non dite: "Voglio superare il mio complesso d'inferiorità", convincendo così il vostro subconscio di averne uno e aggravando il vostro stato d'ansia. Dite invece: "Sto diventando più sicuro di me ogni giorno che passa".

Una mia cara amica, che è sovrappeso, una sera m'invitò a cena a casa sua. Quando arrivai, trovai una foto di un enorme ippopotamo attaccata allo sportello del suo frigo. "Ella", le dissi, "guarda che cosa ti stai facendo! Stai dicendo al tuo subconscio che pensi di apparire come un grasso ippopotamo, e non fai che rafforzare l'idea ogni volta che ci passi davanti". Le suggerii quindi di ritagliare la foto di una modella da un giornale e di incollare sulla faccia della modella un suo primo piano, e di attaccarla sul frigo. "Fa' in modo che il tuo subconscio sappia quello che vuoi", le dissi, "non quello che non vuoi!".

Le affermazioni sulla vostra immagine non dovrebbero mai usare il tempo futuro, come, per esempio: "Presto dimagrirò", o "Troverò un lavoro". Certo, lo farete, ma ci potrebbe volere ancora un anno se formulate la frase in modo così vago. Alcuni praticanti di visualizzazione ritengono si debbano esprimere le affermazioni come se uno avesse già ottenuto quello che vuole. Io sono contraria, perché questo viola il prossimo principio, secondo cui l'immagine deve essere logica per raggiungere il subconscio. Non è logico dire: "Ora sono magro", se attualmente pesate oltre cento chili. Suggerisco piuttosto la frase: "Sto diventando ogni giorno più magro" oppure "Sto diventando ogni giorno più sicuro di me".

Nel trattare le cose specifiche che desiderate, potete anche porre una scadenza, tipo: "In primavera avrò una nuova macchina", "Adesso sto perdendo un chilo a settimana, e per Natale peserò 60 chili", "Comincerò il mio nuovo lavoro il primo marzo".

Potete scrivere le vostre affermazioni su piccoli cartoncini da mettere sul comodino, o sullo specchio del bagno, o sul cruscotto dell'auto, in qualunque posto possiate leggerle di frequente e ripeterle, dando al vostro subconscio continui ragguagli per tutto il giorno. Io metto i miei cartoncini vicino alla sveglia, così sono l'ultima cosa che vedo prima di addormentarmi e la prima quando mi sveglio la mattina. Se potete visualizzare la vostra immagine quando andate a letto e addormentarvi con quel pensiero, il vostro subconscio sarà in grado di lavorarci per tutta la notte, senza interferenze, e il processo sarà più efficace.

2. Usate la logica

La chiave per trasmettere un messaggio al subconscio è: *Se è logico, s'impianta; se s'impianta, sei preso!* Ricordate, logico non vuol dire necessariamente vero. Se, quando avevate sei anni, mamma o papà vi dicevano che eravate goffi, impacciati, e non brillanti quanto vostra sorella, quella suggestione probabilmente a voi suonava logica. In fin dei conti, un genitore è come un dio agli occhi di un bambino, per cui sapevano sicuramente che tipo di persona sareste diventato. Le nostre personalità si formano con ciò che ci viene detto su noi stessi nel processo di crescita, anche se non è vero. Se vi dicono qualcosa che vi sembra logico e non avete modo di confutarlo, il vostro subconscio lo accetta e diventa parte di voi.

D'altro canto, se un'affermazione non vi sembra logica, la mente conscia non l'accetta, o la respinge, e quindi non passa attraverso la barriera psichica per arrivare al subconscio. Perciò, se la vostra mente conscia non crede alla vostra immagine, il vostro subconscio non l'accetterà mai. Per esempio, se desiderate guadagnare soldi, non dovreste dire: "Per la fine dell'anno avrò guadagnato un milione di dollari". Per la maggior parte della gente, questo è assolutamente illogico, e il subconscio non lo accetterà. Se volete dimagrire, non dite: "Per la fine del mese avrò perso quindici chili", perché probabilmente non sarete in grado di convincervi di poterlo fare.

3. Siate precisi

Più dettagli aggiungerete alla vostra immagine, più facile sarà per il subconscio realizzarla. La mente subconscia prende tutto alla lettera e ha bisogno di indicazioni precise. Ovviamente, questo non sempre è possibile, ma quando lo è, cercate di pensare a ogni dettaglio della vostra immagine. Se state cercando un nuovo lavoro, magari non riuscirete a specificare il tipo d'edificio in cui lavorerete, ma potete immaginarvi felici e sorridenti nel vostro ufficio.

Per esempio, se volete cambiare casa, pensate in anticipo a tutte le cose che vorreste trovarci. Vi piacerebbe un giardino o un piccolo cortile che non ha bisogno di troppe cure? Volete un garage biposto, un bel ripostiglio grande, una cucina spaziosa, tre camere da letto, due bagni, un caminetto e una piscina? Siate precisi, ma sempre logici. Non immaginate una casa che supera i vostri mezzi, perché altrimenti diventerebbe una cosa illogica da ottenere.

Anni fa, quando vivevo a San Francisco, decisi di trasferirmi a San Jose per iniziare i miei studi di specializzazione. Sapevo poco della città, essendoci stata solo un paio di volte. Non avevo amici lì, e quindi nessuno che mi consigliasse riguardo la zona migliore per andarci ad abitare. Ma, invece di girovagare con la macchina in cerca di un appartamento, una mattina mi sedetti a tavolino e scrissi a macchina:

Oggi vado a San Jose per trovare un appartamento che:

- Sia tranquillo per poter studiare indisturbata.
- Sia vicino all'università.
- Sia in un buon quartiere dove mi senta sicura.
- Sia spazioso e pulito.
- Sia luminoso e allegro e pieno di finestre.
- Vi sia permesso tenere animali.
- Abbia un prezzo che vada da €___ a €___.

Chiusi gli occhi per qualche minuto e immaginai me stessa che camminavo felice e contenta per il mio nuovo appartamento. Poi trasmisi l'immagine al Potere Creativo Interiore, sapendo che conosceva molto meglio di me la zona e avrebbe potuto condurmi al posto che desideravo. A fine giornata, avevo lasciato una caparra per un appartamento che rispondeva esattamente a tutti i miei requisiti, tranne il fatto che il prezzo era un po' più alto, perché quello che avevo preventivato io non era logico!

In precedenza, ogni volta che mi ero trasferita, avevo cercato casa per settimane, cercando di farlo da sola, senza chiedere aiuto alla grande fonte della conoscenza che avevo dentro. Ma adesso ho imparato che il metodo di guidare e ordinare la mia vita lavorando con lo spirito di comune accordo è molto più facile che tentare di fare le cose soltanto con la mia limitata mente conscia. Se imparerete a fare tutto in collaborazione con il Potere Creativo Interiore, la vostra vita si semplificherà.

A questo punto bisogna stare attenti a trattare con le leggi cosmiche. Usare il potere della mente e le immagini visuali significa chiamare in causa tutte le forze dell'universo per ottenere quel che vogliamo. Queste forze sono estremamente potenti e possono creare problemi se usate per scopi iniqui, perché inevitabilmente finiscono per ritorcersi contro chi le usa. Coloro che usano il potere della mente per arrecare danno agli altri alla fine scoprono che la sventura ricade su loro stessi. C'è veramente *una sola vita* e qualunque cosa facciamo agli altri ci torna indietro. Abbiamo tutti sentito parlare di "magia nera", che per secoli è stata sfruttata per nuocere agli altri con i poteri mentali. Potremmo dire che la visualizzazione positiva è "magia bianca", e lavora sullo stesso principio. Quando usate la visualizzazione creativa, quindi, attenetevi sempre a questa legge cosmica: *Non manipolare mai la volontà di un altro!* Se lo fate, vi tornerà indietro come un boomerang e vi procurerà gravi problemi.

Per esempio, se volete una nuova casa, potete senz'altro visualizzarne una simile a quella che vi piace di un vicino o di un amico, ma non visualizzate mai proprio quella casa. Se volete avere dei soldi, non visualizzate una persona specifica che ve li consegna. Immaginate semplicemente che vi arrivano: ricevere un assegno per posta, depositare una somma in banca, comprare qualcosa che volevate con quel denaro. Lasciate che sia lo spirito a scegliere il mezzo con cui i soldi vi arriveranno; non c'è bisogno che vi preoccupiate voi per quello.

Ron, un piazzista che aveva partecipato a un mio seminario sulla visualizzazione, tornò subito a casa per immaginare un potenziale cliente che gli firmava un contratto il giorno dopo. Ron si rilassò su una poltrona del salotto e si visualizzò che si recava in auto a casa del cliente, salutava l'uomo che gli apriva la porta, gli presentava la sua merce e vedeva l'uomo che firmava un contratto per un grosso ordinativo.

Questa è una diretta violazione della legge cosmica, perché Ron stava deliberatamente manipolando la volontà del suo cliente. Qual è la differenza fra un venditore che cerca di persuadere un cliente a comprare, e visualizzarlo mentre compie l'acquisto? La differenza è che la persuasione viene fatta a livello conscio. Ogni giorno della nostra vita noi cerchiamo di persuadere la gente a fare quel che vogliamo, e non c'è niente di male in questo perché la gente sa cosa stiamo cercando di fare e può consciamente opporsi e difendersi se vuole. Al contrario, quando visualizziamo qualcuno che realizza un nostro desiderio, quel qualcuno è indifeso. Diventa la vittima inerme e, senza essere consciamente consapevole del perché lo fa, può facilmente cadere preda del nostro pensiero concentrato. In poche parole, non è giusto.

In questo caso, Ron avrebbe dovuto visualizzare se stesso che raggiungeva una certa quota di vendite, che diceva a sua moglie che aveva aumentato gli ordinativi, che vinceva un premio della compagnia per essere stato il miglior venditore del mese, che depositava denaro in banca, o magari che comprava qualcosa con il denaro extra guadagnato. Tutto ciò non avrebbe comportato la manipolazione diretta della volontà di qualcuno, ma avrebbe lasciato allo spirito il compito di trovare il mezzo con cui raggiungere il suo obiettivo.

Qualche anno fa, i giornali riportarono la storia di un uomo che tutte le mattine incontrava una donna in ascensore nel proprio condominio mentre andava al lavoro. Trovava la donna molto attraente e, pur non avendole mai rivolto la parola, decise che l'avrebbe sposata. Ovviamente non era attratto dalle sue qualità come persona, ma solo dal suo aspetto fisico. Dato che aveva frequentato un corso per il controllo della mente, decise di visualizzarsi mentre camminava lungo la navata della chiesa a fianco della donna e un sacerdote che li sposava. Il mattino dopo si presentò alla donna e cominciò a corteggiarla, continuando sempre a immaginare, senza che lei lo sapesse, che si sarebbero sposati. Dopo tre mesi, la sua proposta e il suo anello di fidanzamento vennero accettati, e i due si sposarono. Questo matrimonio con tutta probabilità è destinato a fallire perché l'uomo ha deliberatamente manipolato la mente inconscia della donna e violato la legge cosmica della *non-interferenza con la volontà di un altro*. Tale abuso dei poteri della mente può provocare gravi scompigli nella vita di un individuo e nella vita delle sue vittime inconsapevoli. Approfittarsi delle persone senza il loro consenso equivale a un atto criminoso.

Questo non significa certo che non potete visualizzare un matrimonio felice. Se volete sposarvi o avere una relazione, la visualizzazione non solo è opportuna, ma auspicabile; state solo attenti a non visualizzare una persona in particolare.

Se desiderate intraprendere una relazione, la cosa saggia da fare è di compilare un elenco delle qualità che vorreste in un partner. Questa è una cosa alla quale raramente si pensa, e molti non sanno nemmeno quali sono le qualità più compatibili con la loro personalità. Certa gente si sposa solo perché a entrambi piace ballare o andare al cinema, o per qualche altro futile motivo che si svela in tutta la sua inconsistenza dopo che la fiamma della passione comincia a estinguersi. Più cose si condividono con una persona, più alte sono le probabilità di sviluppare una relazione duratura e armoniosa. Maggiori le differenze, maggiori saranno i potenziali problemi perché ogni differenza può diventare motivo di conflitto.

Anche se visualizzare una persona specifica costituisce una violazione della legge cosmica, potete comunque visualizzare voi stessi che avete una relazione amorosa. Potete sentire la felicità che vi pervade mentre siete con una persona che vi ama davvero, e potete immaginare di tornare a casa la sera e trovare questa persona che vi accoglie a braccia aperte. Se volete sposarvi, potete benissimo immaginarvi in abito nuziale e sentire la felicità che vi aspettate da questo evento, a patto che non immaginiate una persona specifica come compagno.

Ma se avete già conosciuto qualcuno da cui vi sentite irresistibilmente attratti? Diciamo una persona in ufficio. Anche se non dovete immaginarla che vi chiede un appuntamento o che cammina al vostro fianco lungo la navata di una chiesa, avete tutta la libertà di inviarle pensieri amorevoli e positivi. Non c'è niente di sbagliato nell'avere pensieri d'amore perché in questo modo non state manipolando la volontà di nessuno, sempre a patto che non lo immaginiate mentre fa qualcosa con voi. State pur certi che la persona coglierà quei pensieri, almeno a livello subconscio, e comincerà a rispondervi con calore. Potete visualizzarla circondata da un morbido, caldo e avvolgente alone rosa (il colore dell'amore) e vedere il colore che scorre tra voi. Potete fare la stessa cosa anche se avete già una relazione in corso e volete creare una corrispondenza armoniosa tra voi e il vostro partner. Resterete stupiti dai risultati!

Qualche anno fa tenevo lezioni di "Terapia del concetto" insieme a un altro istruttore, il dottor Charles Craig. Il signore e la signora K venivano tutti i giorni a lezione e si sedevano in prima fila. Un giorno, una delle mie allieve mi accennò al fatto che la signora K le aveva detto che le piacevano le mie lezioni, ma che non gradiva il modo in cui le presentavo. La signora K non sapeva dire esattamente cosa la infastidisse del mio modo di porgere, ma io sospettai che si trattasse del profondo interesse del signor K per le mie lezioni, e della sua abitudine di venire da me per discutere gli argomenti durante la pausa caffè.

Consapevole dell'importanza di mantenere un rapporto armonioso con tutti i miei allievi, e sapendo che i miei insegnamenti ne avrebbero risentito se qualcuno avesse cominciato a inviarmi vibrazioni negative, decisi che dovevo aggiustare la situazione. Mi piaceva la signora K e non provavo astio nei suoi confronti, e di certo non m'interessava suo marito, per cui mi riuscì facile inviarle mentalmente pensieri affettuosi e positivi. Scovai una foto di classe con lei ritratta, la misi sulla mia scrivania e cominciai a parlare alla foto, dicendo alla signora K che mi piaceva e che la rispettavo e che lei non aveva alcuna ragione per sentirsi minacciata da me. Dicevo cose positive come queste ogni volta che passavo davanti alla foto.

Alla lezione successiva, due settimane dopo, la signora K mi portò una bellissima composizione floreale per la cattedra, e si sedette in prima fila, raggiante per tutta la lezione. In seguito disse al dottor Craig che aveva molto apprezzato la mia presentazione e che si era resa conto che ero una brava insegnante. La trasformazione era avvenuta solo grazie al mio pensare positivo, senza alcun tentativo diretto di manipolare la sua volontà o di costringerla a fare qualcosa!

4. Non abbiate fretta

Quanto ci vuole per manifestare la vostra immagine? Questa è una variabile che dipende dalla vostra capacità di concentrazione e di visualizzazione, e anche dalla gravità del problema. È ovvio che se state cercando di cambiare un senso d'inferiorità che vi perseguita da anni, ci vorrà un po' di tempo; cinque minuti di visualizzazione non possono cancellare trent'anni di pensieri negativi.

È stato stabilito che occorrono almeno trentatré secondi, minimo, perché una suggestione raggiunga il subconscio. Ecco perché gli spot commerciali hanno quasi sempre questa durata. Inoltre, gli psicologi hanno determinato che, in media, ci vogliono circa ventuno giorni per cambiare un'abitudine. Lo stesso principio vale per le immagini ma, dato che la vostra capacità di visualizzare si perfeziona con la ripetizione, scoprirete che molte delle vostre immagini si manifesteranno prima. Alcune persone hanno raggiunto un livello tale per cui, attraverso la pratica continua, realizzano le proprie immagini in pochi giorni, o persino ore. Quanto spesso dovete visualizzare? L'ideale sarebbe due o tre volte al giorno, per dieci/quindici minuti a seduta. Più vi esercitate e sviluppate il vostro potere di visualizzazione, più in fretta si realizzeranno le vostre immagini.

I sentimenti e le emozioni influiscono profondamente sulla quantità di tempo necessaria a un'idea per entrare nel subconscio. Quando vi viene detto qualcosa che ha un intenso impatto emotivo su di voi, s'imprime nel vostro subconscio nel momento stesso in cui lo sentite. Se, per esempio, un genitore o un insegnante o un capufficio dice: "Sei proprio uno stupido", quel pensiero penetra immediatamente nel vostro subconscio. Purtroppo, quando cominciate a lavorare per cambiare suggestioni potenti come questa, non provate la stessa intensa emozione di quando l'avete sentita in origine, per cui ci vorrà più tempo per cambiarla, e la necessità di ripetere più volte il concetto opposto.

5. Provate la sensazione

Un aspetto molto importante di un'immagine è l'emozione che suscita. Più sensazioni riuscite a provare nella vostra visualizzazione, più il vostro subconscio si convincerà che quella cosa vi sta davvero accadendo. *Comportatevi come se* già aveste ottenuto la cosa che desiderate e lasciate che il vostro corpo sperimenti le sensazioni che provereste se fosse davvero così. Per esempio, se desiderate dimagrire, *provate la sensazione* di come vi sentireste felici a indossare abiti che prima vi andavano stretti, a sentire la gente che si congratula con voi per il vostro aspetto, a guardarvi nello specchio orgogliosi del risultato.

Se volete una macchina nuova, immaginate la sensazione di guidarla sull'autostrada o di fermarvi davanti alla casa di amici. *Ricordate, il subconscio non sa la differenza tra qualcosa di vividamente immaginato e qualcosa che accade nella realtà*, per cui ben presto realizzerà il vostro desiderio, a patto, ovviamente, che sia logico. Più sarete capaci di vivere la sensazione del sogno realizzato, maggiori saranno le probabilità che si realizzi davvero.

6. Agite anche sul piano fisico

Dovete far capire al vostro subconscio che fate sul serio. Se, per esempio, volete dimagrire, riducete l'assunzione di cibo. Se mangiate come un cavallo, potete pure visualizzare tutto il giorno, ma non succederà niente, perché il vostro subconscio riceverà due messaggi contrapposti. Se volete un nuovo lavoro, cominciate a cercare sugli annunci, inviate il vostro curriculum, e spargete la voce tra gli amici. Se volete iniziare una relazione, recatevi nei posti dove ci sono maggiori probabilità di incontrare la persona che fa per voi.

Una sera, andai a far visita a Doris, una mia allieva, e trovai il suo soggiorno pieno di scatoloni contenenti la maggior parte delle sue cose. Doris stava frequentando il college e poteva permettersi soltanto di vivere in un condominio affollato da altri studenti che facevano andare lo stereo a tutto volume, giorno e notte. Mi disse che non sopportava più quel fracasso e che aveva deciso di trasferirsi in un edificio più tranquillo. Le chiesi come sarebbe stato possibile, viste le sue limitate finanze.

"Be' ", mi disse sorridendo, "ho imparato alle tue lezioni che se vuoi che ti succeda qualcosa nella vita, devi prima costruirti un'immagine, e così sto visualizzando un nuovo appartamento ogni giorno. Ho deciso di imballare tutte le cose che non mi sono strettamente necessarie per convincere il mio subconscio che faccio sul serio, e così mi aiuterà a trovare un posto migliore per vivere. Anche se devo restare qui ancora qualche mese, mi sto *comportando come se* stessi per traslocare, e questo mi fa sentire meglio!".

Ovviamente, il suo subconscio ricevette il messaggio e realizzò il suo desiderio in breve tempo. Dopo qualche settimana dalla mia visita, Doris trovò un appartamento a pochissimi isolati dal college, con un affitto di poco superiore a quello che stava pagando.

L'effetto della concentrazione

Perché un'immagine si manifesti, dovete *concentrarvi* su di essa, e questa è una sorta di protezione. Significa che non tutti i pensieri fugaci che ci passano per la testa si manifestano automaticamente, e meno male! Se fosse così, sarebbe un disastro e potremmo creare un sacco di problemi a noi stessi e agli altri. Quando qualcosa non accade in orario, la nostra tendenza è di indulgere in pensieri negativi. Per esempio, se il nostro partner non torna a casa alla solita ora, spesso la nostra prima reazione è di cominciare a preoccuparci che gli sia capitato un incidente. Il più delle volte, siamo portati a pensare al peggio e non al meglio. Questo trasmette energia negativa all'individuo, e anche se non crea realmente la situazione, di certo non aiuta. La cosa migliore da fare, in queste occasioni, è di sedersi e cominciare a visualizzare la persona circondata da una fulgida luce bianca che la protegge dalle forze avverse. Questo è un antico metodo metafisico di protezione psichica usato da secoli per isolare una persona da pensieri e influssi negativi. Poi, visualizzate la persona cara che sorride, perfettamente al sicuro, e che entra dalla porta di casa.

La forte concentrazione è necessaria affinché si manifesti un'immagine, e maggiore è la vostra capacità di concentrarvi, più in fretta si manifesteranno le vostre immagini. La concentrazione si può sviluppare; è una capacità che si impara come tante altre. Allenare la vostra mente ogni giorno a focalizzarsi su una particolare immagine è un buon modo per sviluppare la vostra capacità di concentrazione.

In breve, ecco i passi da adottare per crearvi la vostra realtà attraverso la visualizzazione:

1. Usate frasi positive.
2. Usate la logica.
3. Siate precisi.

4. Non abbiate fretta.
5. Visualizzate il *risultato finale*.
6. Provate la *sensazione* di aver già ottenuto quel che volete.
7. Agite anche sul piano fisico.
8. Non manipolate mai la volontà di un altro.
9. La ripetizione e la concentrazione manifesteranno il vostro desiderio.

L'immaginazione è la chiave della creatività e di tutti i cambiamenti della vita e della personalità! Non è la fede che rende possibili le cose, ma l'immaginazione. Se potete immaginare qualcosa, potete averla, a patto che sia logica. Insistendo su immagini mentali di qualunque tipo (belle o brutte), alla fine le farete manifestare nel mondo fisico. Voi *siete* quel che immaginate di essere! Sia che pensiate di farcela, o che pensiate di non farcela, avete comunque ragione. Come ha scritto Richard Bach in *Illusioni*: "Discutete sui vostri limiti e continuerete ad averli".

6. COME OTTENERE LA COSCIENZA DELLA PROSPERITÀ

I sogni sono i semi della realtà.
Le vostre circostanze possono essere sfavorevoli,
ma non lo resteranno a lungo
se perseguirete un ideale e farete di tutto per raggiungerlo.

JAMES ALLEN, *As a Man Thinketh*

La maggior parte della gente ritiene che la ricchezza sia il risultato di anni di duro lavoro e oculati risparmi, a meno che uno non abbia ereditato una fortuna. È un'illusione. Le statistiche indicano che la maggioranza della popolazione degli Stati Uniti, dopo aver trascorso una vita intera a sgobbare per un lavoro che spesso nemmeno la soddisfa, finisce con il sopravvivere solo grazie alla previdenza sociale e a una piccola pensione, se pure ce l'ha. Riprogrammare le vostre idee sul denaro vi farà guadagnare molto più in fretta che non lavorando dodici ore al giorno e lesinando ogni centesimo. La strada per la ricchezza è lastricata di idee forti e positive, che, se tenute sempre in mente, alla fine attireranno abbondanza di denaro nella vostra vita. L'accumulo di ricchezze è un atteggiamento, e non il risultato del sudore della fronte; perciò, cambiare atteggiamento è la chiave per diventare ricchi. È il modo in cui pensate al denaro che determina se lo avrete o meno, perché è quello a cui prestate attenzione che si manifesta nella vostra vita. Se vi focalizzate sulla mancanza di soldi e sulla paura della povertà, quest'idea diventerà una realtà. La ricchezza umana viene creata dalla mente umana, e coloro che pensano di meritare di essere ricchi lo diventano.

Un mito da sfatare sul denaro è che non ce n'è abbastanza per tutti. È ridicolo, perché ci sono miliardi di dollari nelle casse di molti pacsi, c tutti meritano la loro parte. Non cadete nell'atteggiamento negativo di serbare rancore verso le persone facoltose, per coloro che hanno ammassato ricchezze. Se odiate la gente ricca, finirete con l'odiare voi stessi quando farete soldi. Concentratevi in positivo; contribuirete a elevare la coscienza degli altri servendo da esempio, e potrete dire: "Guardatemi, non sono nato ricco, ma lo sono diventato cambiando il mio modo di pensare, e voi potete fare altrettano". Ricordate, il denaro che guadagnate torna nel giro dell'economia per essere distribuito agli altri, aiutandoli ad arricchirsi quando comprate qualcosa da loro o date loro del denaro.

Potreste pensare: "Questo non è il momento di fare soldi perché il costo della vita è elevato, è praticamente impossibile mettere soldi da parte e diventare ricchi". Questo è un altro mito infondato, perché c'è sempre stata gente che si è arricchita anche durante le crisi economiche. Molte persone hanno fatto fortuna durante i periodi d'inflazione, e voi potete essere una di quelle. Le condizioni particolari di un'economia non influiscono sulla vostra situazione personale se imparate a pensare positivamente e a controllare le vostre paure. Elevatevi al di sopra del mondo statistico con il pensiero positivo!

Meritate di essere ricchi

Prima di potervi arricchire, dovete innanzi tutto credere di meritarlo. È impossibile convincere il vostro subconscio a portarvi denaro se vi siete programmati all'idea di non meritarlo. Tutti noi abbiamo sentito storie di gente che ha fatto fortuna ma non è stata in grado di mantenerla. Quella gente non si sentiva meritevole del successo; non credeva di meritare quel denaro, per cui si è autosabotata quando l'ha acquisito.

Una volta conoscevo un uomo a Toronto che aveva fatto fortuna come proprietario di un negózio di apparecchi fotografici. Quando i suoi affari arrivarono a un punto tale che potè ritirarsi e lasciare uno staff di collaboratori a occuparsene, cominciò a fare degli errori: acquistare merci che non poteva vendere, licenziare il suo miglior direttore, chiudere il negozio nei periodi più favorevoli. In breve tempo i suoi affari precipitarono, e lui s'indebitò. Si scoraggiò talmente da cominciare ad amministrare male i propri risparmi, e ben presto dovette dichiarare bancarotta. Incolpò la moglie di essere la causa dei suoi problemi, divorziò e mise su un nuovo negozio, di cornici questa volta. Dopo qualche anno ebbe di nuovo successo e divenne di nuovo ricco, ma anche questa volta non riuscì a mantenersi tale. Trattò degli affari sottobanco al limite della legalità, si rovinò la reputazione e fu costretto a chiudere ancora.

A volte non è la paura del successo, ma la paura del fallimento che impedisce alla gente di diventare ricca. Spesso una persona si arricchisce, ma poi comincia a preoccuparsi. "Adesso sto facendo soldi, ma quanto durerà? Che succede se perdo tutto? E se la gente comincia a non comprare più da me?". "E se il mercato azionario crolla?". "E se perdo il lavoro?". E così via. Anche se è importante essere prudenti per premunirsi contro eventuali circostanze sfavorevoli, come un licenziamento, dobbiamo sempre contrastare queste idee negative con affermazioni positive quali: "Merito di essere ricco", "Merito la felicità", "Merito il successo". Quando riuscirete a impiantare questi pensieri nella vostra coscienza, avrete compiuto il primo, enorme passo verso il conseguimento della ricchezza.

La coscienza della povertà

Prima di discutere l'uso delle affermazioni per sviluppare una coscienza della ricchezza, esaminiamo alcune delle affermazioni negative che potreste avere acquisito sul denaro, perché devono essere eliminate prima di poter fare qualsiasi progresso. Cosa vi hanno detto i vostri genitori a proposito del denaro? Qual era il loro atteggiamento? Vi hanno detto che avreste potuto guadagnare un milione di dollari se aveste voluto, oppure vi hanno detto: "Non farai mai un soldo in vita tua!"? Nella nostra società, alle donne viene spesso detto che non avranno bisogno di guadagnare perché ci sarà sempre un uomo a occuparsi di loro.

Per cominciare, sarà bene scrivere su un foglio tutte le cose negative che ricordate di aver sentito da genitori, insegnanti, colleghi e amici a proposito di denaro. Vi prego di aspettare un momento, prima di continuare a leggere e completare questo esercizio. È importante prendervi tutto il tempo necessario, perché vi aiuterà a scoprire quali concetti sono stati programmati nel vostro subconscio a proposito del denaro. Una volta che li saprete riconoscere, potrete procedere a eliminarli. Potreste essere stati anche voi a programmare negativamente il vostro subconscio, per esempio dicendovi: "Non merito di arricchirmi perché...".

- Non ho un'istruzione adeguata.
- Svolgo un lavoro in cui non si guadagna molto, ma non so fare altro.
- Mi sono sposato troppo giovane e adesso ho troppe responsabilità.
- Mi sono indebitato talmente che non sarò mai in grado di uscirne.
- Non posso essere spirituale e fare soldi al tempo stesso.
- Non posso fare un lavoro molto remunerativo perché sono una donna.
- Non sta bene guadagnare più di mio marito.
- I miei genitori mi dicevano che non ero in gamba, per cui non merito di arricchirmi.

- I miei genitori non hanno mai guadagnato tanto, per cui anch'io non mi aspetto tanto.
- Sono troppo giovane (*o* troppo vecchio).
- Non sono mai stato capace di ottenere quel che volevo, e so che non lo sarò mai.
- Non ho sufficienti capacità.

Se albergate idee come queste, alla fine vi scoraggerete e deciderete che non guadagnerete mai un sacco di soldi. Anche se milioni di persone cercano la ricchezza e vorrebbero avere un futuro agiato e sicuro, si sconfiggono da sole pensando in questo modo. Hanno provato di tutto, tranne che a cambiare il proprio modo di pensare, l'unica cosa che avrebbe fatto la differenza.

Il potere del pensiero è l'unica cosa su cui avete un controllo assoluto. Un'idea forte e risoluta, coltivata continuamente, può davvero cambiare la biochimica del cervello perché non sia più programmato per l'insuccesso o la sconfitta. I pensieri sono cose; hanno una realtà elettromagnetica, e creano una controparte visibile nel mondo esterno. Se cambiate i vostri pensieri interiori, cambieranno anche le vostre condizioni esterne. Questa è una legge naturale. Perciò, cominciate da adesso a vigilare costantemente sui vostri pensieri. Non dite mai: "Non posso permettermelo". Dite piuttosto: "So che posso comprarlo. Lo sto pianificando già da ora".

Per esempio, se volete fare un viaggio all'estero, non guastatevi i piani pensando che non potrete mai permettervelo. Dite piuttosto: "Adesso sto lavorando al mio viaggio all'estero", e poi cominciate a raccogliere foto e articoli sui posti che vi piacerebbe visitare. Prendete una scatola per metterci tutta la vostra raccolta d'informazioni e attaccateci sopra un'etichetta tipo "Il mio viaggio all'estero". Ogni volta che mettete un pezzo nella scatola, l'idea diventerà sempre un po' più possibile, un po' più vicina alla sua manifestazione fisica. I vostri pensieri cominceranno ad attirarvi il denaro necessario a realizzare il sogno, e l'esperienza fisica seguirà la vostra immagine.

Il reverendo Ike, il famoso predicatore che ha ispirato migliaia di persone con i suoi sermoni sulla coscienza della prosperità, racconta della sua giovinezza ad Harlem. Quando i suoi amici vedevano una persona di pelle bianca guidare una macchina grande e lussuosa nel quartiere, maledivano i "bianchi" accusandoli di essere la causa della loro povertà. Ma invece di lamentarsi, il reverendo Ike diceva: "Quella è la mia macchina; sta passando la mia macchina. Ho intenzione di averne una proprio come quella". E adesso ce l'ha! Per la verità parecchie! Invece di odiare quelle persone per la loro ricchezza, lui si era identificato con esse, ed è diventato altrettanto ricco.

Dopo aver terminato il college, lavorai come terapeuta per un centro d'igiene mentale statale che non aveva abbastanza fondi con cui pagare i consulenti. Guadagnavo cinque dollari l'ora e mi limitavo a sopravvivere. Un lunedì mattina, Mike, un collega, mi disse che aveva trascorso il weekend seguendo un seminario di Leonard Orr, un facoltoso cittadino di San Francisco che insegnava alla gente come sviluppare la "coscienza della prosperità". Mike disse che Leonard gli aveva insegnato a fare affermazioni per attirare il denaro nella sua vita, e mi svelò il metodo. Dato che sapevo già dei poteri della mente e avevo usato la visualizzazione per cambiare molti aspetti della mia vita, decisi di usare quelle idee per aumentare il mio stipendio. Tre settimane dopo, con alle spalle due anni di lavoro nel centro senza aver visto un aumento, mi aumentarono la paga di qualche dollaro. Tutta eccitata, dissi al direttore che le mie affermazioni avevano funzionato. "E questa la chiami prosperità?", commentò lui ironico. "Qui sì", ribattei, ma sapevo che quello era soltanto l'inizio. Continuai a fare le mie affermazioni, e quasi subito cominciarono ad accadere piccole cose. Con la posta arrivò un inatteso rimborso per eccessivi interessi pagati su un prestito. Poi ricevetti un grosso rimborso delle tasse su cui non avevo contato. Entro un mese, mi fu offerto un nuovo lavoro con un notevole aumento di stipendio.

Il successo è un concetto molto più rinforzante del fallimento. Proprio come occorre molta più energia per aggrottare la fronte che non per sorridere, ci vuole molta più energia per fallire che non per avere successo, perché occorre molta concentrazione per mantenere idee negative su noi stessi, ed è una cosa che ci esaurisce emotivamente. Ricordate, nello sviluppare la coscienza della prosperità, non solo dovrete combattere contro la vostra stessa resistenza, ma anche contro quella degli altri. Probabilmente i vostri genitori o il vostro compagno se ne usciranno con qualche buona ragione per cui non potete farcela, specialmente se sono convinti che non potete cambiare in modo sostanziale, o superarli. Potrebbero dire cose come: "Questa storia del pensare positivo è troppo facile; non può funzionare, e tu sei pazzo a crederci". Ignorate questi commenti e continuate a fare le vostre affermazioni. Ancora meglio, non parlatene con persone che sapete contrarie. Lavorate in silenzio e raggiungete i vostri obiettivi senza sprecare la vostra energia per cercare di convincere gli increduli. Non è facile restare positivi quando tutti intorno a voi si lamentano di quanto sono al verde. Non ascoltateli! Un trucchetto mentale che uso quando la gente cerca di istillarmi idee negative (o quando mi sorprendo a crearne io stessa) è pensare *Cancella, cancella!* e poi cambiare immediatamente il pensiero negativo in uno positivo.

Stabilire gli obiettivi

Stabilire gli obiettivi è il primo passo del vostro programma. Una volta che avete preso la decisione di diventare ricchi, avete già compiuto un enorme passo avanti. Ma, prima di poter conquistare la ricchezza, dovete sapere esattamente cosa volete e cosa intendete fare una volta ottenuta. In realtà la gente non vuole il denaro – dopo tutto, non sono che pezzi di carta – ma vuole le cose che con il denaro si possono comprare. Quando vi sarete fatti l'idea di cosa intendete fare con il denaro, potete cominciare a focalizzarvi sulla specifica quantità che vi occorre ogni anno per realizzare i vostri desideri. Quando fate le vostre affermazioni, non chiedete solo una somma necessaria a sopravvivere, ma una quantità sufficiente a godervi i piaceri della vita, come i viaggi, una casa nuova, la possibilità di frequentare il college, o magari uno stereo nuovo. Un mio amico cominciò a fare affermazioni e mi disse che una di loro era: "Avrò sempre denaro a sufficienza per soddisfare i miei bisogni". Questo è un concetto limitato e può dare come risultato la mera sopravvivenza. Dovreste pensare a qualcosa di meglio che non soddisfare soltanto i vostri bisogni. Un'affermazione migliore potrebbe essere: "Avrò sempre denaro a sufficienza per soddisfare i miei bisogni e godermi la vita".

Dato che il primo requisito è di scoprire cosa desiderate nella vita, dove volete arrivare e cosa intendete fare una volta arrivati, chiedetevi: "Quanto denaro mi occorre ogni anno per crearmi una vita così come la desidero?". Non leggete soltanto questa frase. Fermatevi un momento a rifletterci sopra. Dovete essere sicuri di sapere cosa desiderate dalla vita. Fatevi questa domanda: "Quanto valgo l'ora?". Se pensate solo pochi spiccioli, allora è quello che avrete. Dovete cominciare ad alzare il vostro livello di stima e di apprezzamento. Date un valore al vostro tempo e alle vostre capacità, e non degradatevi sottovalutando il vostro tempo e la vostra energia. L'impegno, la dedizione, lo zelo, la lealtà e la coscienziosità meritano del denaro.

Ricordate, le idee sono il fondamento di tutte le fortune. Una volta che avrete deciso cosa volete dalla vita, metterete in moto una forza che sfreccerà nell'universo come un razzo, riportandovi quel che avete chiesto. Nel momento in cui scegliete il vostro obiettivo e cominciate a fare affermazioni, osserverete una strana circostanza: i modi e i mezzi per ottenerlo cominceranno subito a rivelarsi. Qualunque desiderio, obiettivo, scopo dominante, coltivato con tenacia nella mente conscia attraverso la visualizzazione e la ripetizione del pensiero, viene assimilato dal subconscio, che lo porta al suo logico compimento con qualunque mezzo disponibile. Il Potere Creativo Interiore troverà i mezzi.

Dato che il punto di partenza di ogni conquista è l'adozione di uno scopo preciso e un solido piano per il suo conseguimento, usate la Formula d'Impegno illustrata a pagina 89, per scrivere tre obiettivi: quelli che volete realizzare quest'anno, quelli che volete realizzare entro cinque anni, e quelli a lungo termine. Cercate di essere specifici, anche se magari non avete ancora le idee molto chiare al riguardo. Programmando il vostro subconscio verso obiettivi specifici i mezzi si riveleranno da soli. Se il metodo per arrivarci non vi è ancora chiaro, scrivete sogni e fantasie con cui potreste fare soldi. Per esempio, scrivere un libro, vincere alla lotteria, ricevere una proposta di lavoro con uno stipendio favoloso, mettervi in proprio, ecc...

Lo scopo di quest'esercizio è di cominciare a mettere in moto il vostro subconscio con un impegno. Dopo aver buttato giù i vostri metodi (o sogni), fate un progetto per manifestarli. Fissate un tempo massimo per ogni fase del progetto e descrivete esattamente cosa intendete fare per raggiungere il vostro obiettivo. Fate in modo che il vostro progetto sia abbastanza elastico da permettere cambiamenti in qualunque momento vogliate. Ricordate che il Potere Creativo Interiore potrebbe presentarvi un progetto di gran lunga superiore a quello che potreste prevedere attualmente. Quindi, siate pronti a riconoscere e adottare qualunque idea migliore che possa venirvi in mente in seguito.

Fate una copia della Formula d'Impegno, e mettetela dove potete vederla spesso, poi ripetetela ad alta voce almeno una volta al giorno. Se avete intorno delle persone che credono in voi e nella vostra capacità di creare quel che volete nella vita, parlate del vostro progetto. Potranno così anche loro fissarsi sull'immagine che i vostri obiettivi si stanno per realizzare.

Un altro modo per imprimere nel vostro subconscio i vostri obiettivi è disegnare una Mappa del Tesoro. Dopo aver pensato con attenzione a tutte le cose che vi piacerebbe fare con l'aumento di denaro che state per avere, prendete un grande foglio di carta. Cominciate a cercare sulle riviste e sui giornali le foto dei vostri sogni. Per esempio, la pubblicità di una macchina che vi piace, le foto di terre esotiche, una nave da crociera o un aereo che

FORMULA D'IMPEGNO

Io, ______, in data ________, 20__, scelgo formalmente i seguenti obiettivi finanziari:

Per la fine di quest'anno, avrò guadagnato almeno ______ al mese. A cinque anni da questa data, il mio stipendio annuale sarà di almeno _______. Per la fine del_____, il mio reddito netto sarà di almeno_______. Intendo ritirarmi dal lavoro per il ______, e dedicare il mio tempo ad attività che mi piacciono, tra cui:

____

____

____

____

____

Alcune delle cose che intendo fare per manifestare questo progetto sono:

____

____

____

____

Per realizzare gli obiettivi sopra descritti, m'impegno a trascorrere quotidianamente del tempo nella visualizzazione, e a fare le seguenti affermazioni:

____

____

____

____

____

Firma: ______________________ Data: ______________

vola verso paradisi lontani, una bella casa, un manager di successo che va in ufficio, una relazione armoniosa (simboleggiata da una famiglia che si diverte insieme, o una coppia seduta davanti a un caminetto), o qualunque altra cosa vi attiri.

Fate un collage delle vostre idee e appendete il tabellone su una parete che guardate spesso. Questo servirà a imprimere maggiormente nel vostro subconscio il pensiero che tutto ciò sta per realizzarsi, e gli conferirete vita e potere. Fate in modo di inserire anche voi nel collage. Prendete una vostra foto e le foto delle persone che volete avere con voi quando raggiungerete la prosperità, e incollatele sul tabellone. A quel punto avrete compiuto un potente passo verso la realizzazione del vostro obiettivo.

Usare le affermazioni per attirare denaro

Un'affermazione è un'asserzione potente e positiva riguardo qualcosa che volete si manifesti nella vostra vita. Affermare significa rendere fermo qualcosa; perciò, stabilendo il vostro obiettivo in modo preciso, lo rendete più fermo nella vostra mente subconscia.

Le affermazioni sono segnali positivi che inviate al vostro cervello ogni volta che le pronunciate, di modo che, attraverso la legge dell'attrazione e della vibrazione, il vostro subconscio può cominciare a lavorare per fornirvi tutto quel che volete.

Mettere per iscritto le affermazioni è una tecnica molto potente per penetrare ancora più a fondo nel subconscio, ed è la via più rapida per introdurre queste idee nella vostra coscienza. Un modo molto più efficace rispetto alla semplice enunciazione dei vostri obiettivi. Alcuni dei cambiamenti più drastici nella mia vita si sono verificati usando le affermazioni. Addirittura, qualche volta mi è capitato di essere interrotta da uno squillo di telefono mentre stavo scrivendo un'affermazione, e la telefonata mi annunciava giusto la realizzazione di quel che avevo appena scritto. Più vi esercitate in questa tecnica, più efficace diventerà per voi.

La tecnica delle affermazioni è in uso da anni. Si insegna nei corsi di autovalorizzazione e viene impiegata da tutti i pensatori positivi e dalle persone di successo. Un libro eccellente sull'uso delle affermazioni per conquistare la coscienza della prosperità è *Moneylove* di Jerry Gillies. Alcune delle affermazioni contenute in questo capitolo provengono proprio dal libro di Gillies. Un altro libro meraviglioso, diventato ormai un classico, è *Think and Grow Rich* di Napoleon Hill.

Accentuare il positivo, eliminare il negativo

Molta gente non ha successo nell'usare le affermazioni perché possiede già tante idee negative programmate nel proprio subconscio che le affermazioni positive non riescono a scalzarle. Inoltre, spesso non sanno di avere queste idee negative, e così ripetono fiduciosamente affermazioni che non si manifestano perché prima occorre eliminare la precedente programmazione negativa.

Ho imparato questo punto fondamentale durante i seminari sul denaro di Leonard Orr. Orr ha scoperto che tutti i concetti negativi sul denaro, assorbiti nel corso degli anni, devono essere eliminati prima che la persona possa diventare ricca. La coscienza della povertà, che può avervi accompagnato per tutta la vita, vi dominerà se non rimovete i dubbi affinché possa installarsi la coscienza della prosperità. Un modo per farlo è di mettere per iscritto le vostre affermazioni e, mentre lo fate, ascoltare attentamente il vostro corpo e le vostre sensazioni per individuare qualunque pensiero negativo che possa negare queste affermazioni. Scrivete anche questi; poi respingeteli immediatamente scrivendo l'affermazione opposta. Continuate in questo modo finché non riuscirete a scrivere le affermazioni positive senza ingerenze negative da parte della vostra mente. In questo modo potrete liberare completamente la vostra mente dalle idee negative che vi fanno ritenere di non meritare la ricchezza.

Ecco un esempio del tipo di dialogo che potreste avere con voi stessi:

Io, [nome], merito ricchezza e prosperità, e questo si sta realizzando.

"Sì, certo, e perché dovrei essere ricca? Non possiedo alcun talento speciale e non ho una laurea".

Sai bene che non c'è bisogno di una laurea per diventare ricchi. Henry Ford non ha nemmeno finito il liceo, e nemmeno Tom Edison, o un sacco di altre persone facoltose. E per quanto riguarda i talenti speciali, tu ne possiedi tanti, solo che non hai avuto modo di svilupparli. Che mi dici della tua bravura nello scrivere o dei disegni che facevi al liceo, che il tuo insegnante apprezzava tanto, o delle creazioni in ceramica che facevi? E poi, potresti sempre pensare a qualcosa di unico da vendere, qualcosa a cui nessuno ha ancora pensato.

"Be', magari hai ragione!".

Io, [nome], merito ricchezza e prosperità, e questo si sta realizzando.

"Magari potrei vendere qualcosa di speciale o comprare una piccola attività. Ma mia madre diceva sempre che non era importante per una donna fare soldi perché gli uomini non vogliono che guadagni più di loro".

Davvero? Che concetto limitato! Vuoi dipendere da qualcun altro per il resto della tua vita? Che c'è di sbagliato nell'avere un sacco di soldi propri?

"Niente".

Io, [nome], merito ricchezza e prosperità, e questo si sta realizzando.

"Perché dovrei meritarmele quando c'è un sacco di gente che a stento ce la fa a sopravvivere?".

Tu lo meriti perché hai avuto la volontà di spendere tempo ed energia per scrivere queste affermazioni e ottenere il controllo della tua mente. Tu sai che il tuo subconscio risponderà a qualunque cosa tu lo programmi, perciò perché non provarci? Inoltre, la tua povertà non aiuterà le altre persone povere.

"Okay, penso che hai ragione. Me lo merito come chiunque altro, e ho intenzione di lavorarci".

Io, [nome], merito ricchezza e prosperità, e questo si sta realizzando.

"Ehi, credo di cominciare a crederci. Io merito di essere ricca!".

Se, quando usate questa tecnica, trovate sempre la stessa obiezione, inventatevi un'affermazione che sia l'esatto contrario. Per esempio, se continuate a ripetervi: "Non credo di avere speciali talenti", allora scrivete: "Merito di essere pagato per essere la persona che sono", oppure "I miei talenti speciali stanno per essermi rivelati".
È consigliabile scrivere le vostre affermazioni nelle tre persone singolari e includere sempre il vostro nome. Scrivere nelle tre persone produce l'effetto di far pensare al vostro subconscio che anche altri credono che meritiate la ricchezza. Per esempio:

Io, [nome], merito ricchezza e prosperità, e questo si sta realizzando.

Tu, [nome], meriti ricchezza e prosperità, e questo si sta realizzando.

Lui/Lei, [nome], merita ricchezza e prosperità, e questo si sta realizzando.

Una volta che cominciate attivamente a riprogrammare il vostro subconscio, e quindi vi impegnate totalmente e vi coinvolgete emotivamente nel creare la vostra prosperità, è sicuro che avrete successo. È bene scrivere una pagina di affermazioni ogni giorno. Non fatelo per abitudine, ma pensateci davvero e visualizzate con l'occhio della mente il significato delle parole che scrivete. Osservate eventuali resistenze, i dubbi, o i pensieri negativi; e scrivete anche quelli. Poi sfidate i pensieri negativi e contrastateli con affermazioni positive. In questo modo riuscirete a scoprire perché non avete avuto successo e come avete fatto a impedirvi di ottenere quel che volete. Una volta che sentirete di avere realmente superato la vostra programmazione negativa, smettete di scrivere i concetti negativi e continuate con quelli positivi.

La ripetizione di messaggi positivi al vostro subconscio e il rifiuto di quelli negativi sono l'unico infallibile metodo per riprogrammare il cervello, poiché grazie alla ripetizione di pensieri positivi, nel cervello si verificano veri e propri cambiamenti chimici. La coscienza della povertà è sempre il risultato di idee che altri vi hanno inculcato, mentre la coscienza della prosperità è il risultato di idee che voi stessi vi date. Mentre usate questa procedura, le idee negative che avete sepolto nel vostro subconscio verranno in superficie e potrete eliminarle così da preparare la vostra mente alla ricchezza. Questo vi risparmierà anni di psicoterapia passati a cercare di capire perché non avete successo.

Come primo passo nel convincere il vostro subconscio che meritate di avere denaro, in *Moneylove* Jerry Gillies suggerisce di prendere un foglio, intitolarlo "Cinque ragioni per cui merito di essere ricco", e di scriverle. Noi tutti possediamo più talenti e capacità di quanto normalmente ammettiamo, e probabilmente ne avete di più di quanti i vostri genitori vi abbiano riconosciuto. Scriverli li renderà più reali per la vostra mente subconscia.

Poi, scrivete dieci modi con cui poter fare soldi. Se riuscite a pensare a dieci modi con cui avere successo, non vi lascerete mai scoraggiare da ostacoli temporanei o da situazioni esterne, come la disoccupazione diffusa o il tasso d'inflazione, e non resterete mai al verde. Se vi sentite legati a un particolare lavoro e pensate di non saper fare altro, usate questa affermazione: *Ogni giorno mi si aprono nuove opportunità di fare soldi.* Il denaro viene dalle fonti più inattese, e quest'affermazione scioglie i vincoli del vostro potenziale di guadagno. Nuove prospettive di guadagno vi circondano. Affermando questo giornalmente, vi si presenteranno opportunità che non avevate mai nemmeno osato sognare. La cooperazione degli altri diventerà disponibile, e fioccheranno offerte di lavoro come per magia. Le vostre paure e i vostri dubbi scompariranno, sostituiti da fiducia in voi stessi e creatività. A un certo punto del cammino, l'idea o il lavoro che stavate cercando si rivelerà. Questa è l'esperienza della maggior parte delle persone che usano le affermazioni in maniera regolare.

Patricia ha usato le affermazioni con grande successo. Venne da me per un consulto in quanto era insoddisfatta del proprio lavoro di segretaria in un'azienda locale di elettronica. Lavorava per quella società da sei anni, e adesso aveva raggiunto il massimo dello stipendio. Madre single di tre bambini, Patricia non poteva permettersi nessun lusso, ed era preoccupata per il sostentamento della famiglia. Era stufa di tirare sempre la cinghia e voleva esplorare nuove opportunità per guadagnare di più. Parlammo dell'eventualità di tornare all'università e prendere una laurea, ma Patricia disse che non sarebbe stato pratico con tre bambini da allevare. Le insegnai allora la tecnica delle affermazioni, e lei acconsentì a praticarla con fiducia, e di concentrarsi soprattutto su questa affermazione: *Ogni giorno mi si aprono nuove opportunità di fare soldi.*

A dicembre, Patricia mi portò una splendida composizione di fiori secchi come regalo di Natale. Io mi congratulai con l'artista, e Patricia ammise timidamente che era stata lei a comporre il bouquet. Si era dedicata a quell'hobby per tenere impegnate le mani mentre guardava la televisione con i figli. Le dissi che era molto brava e la spronai a pensare di aprire una piccola attività per vendere le sue composizioni floreali. Non essendo nella posizione finanziaria per lasciare il lavoro, Patricia decise di sgomberare il garage e di trasformarlo in una piccola bottega. Si fece stampare dei bigliettini da visita, prese la licenza, organizzò un bancone e cominciò a vendere nei weekend. Con l'aumento della clientela e della sua autostima, decise di rischiare e fece domanda per un prestito per affittare un locale in un centro commerciale. Tempo un anno, e stava guadagnando più soldi di quanti ne avesse mai guadagnati come segretaria. Un'opportunità di fare soldi, alla quale non avrebbe mai pensato prima, le si era presentata come risultato di aver fatto le sue diligenti affermazioni, aprendo il suo subconscio a nuove possibilità.

Le affermazioni per le donne

Le donne spesso ricevono una programmazione molto negativa riguardo il denaro. In passato, fin da bambine, insegnavano loro a credere di non doversi preoccupare del denaro perché ci sarebbe sempre stato un uomo a occuparsi di loro. Che tristezza allevare le nostre figlie a essere parassiti, dipendenti in tutto e per tutto da un'altra persona! Alle donne viene anche detto che non potranno mai guadagnare quanto un uomo ed è quindi inutile perfino provarci. Come risultato, spesso si sentono immeritevoli di una posizione di prestigio e ben remunerata e non provano nemmeno a ottenerla. Ma donne fortemente motivate sono in grado di superare il mondo statistico, che paga le donne settanta centesimi per ogni dollaro guadagnato da un uomo, e possono attirare nella propria vita qualunque cosa desiderano, grazie al potere del proprio pensiero. Alcune eccellenti affermazioni per donne si possono trovare nel bel libro di Shakti Gawain *Creative Visualization*, e in *I Deserve Love* di Sondra Ray.

Ecco alcune affermazioni particolarmente indicate per le donne:

Sono una persona capace e di successo, e la prosperità è un mio diritto.

Sono una persona forte, dinamica e intelligente, e sto per manifestare la mia prosperità.

Ho fiducia in me e le mie azioni sono decisive. Attiro a me il denaro attraverso il mio desiderio di riuscire.

Merito di avere successo come il più affermato degli uomini, e questo si sta realizzando.

Sono uguale al migliore degli uomini, e non ci sono limiti al mio potenziale.

Ho diritto a una parte della ricchezza del mondo, e questa parte mi sta arrivando.

Il genio in me si sta liberando, e io sto compiendo il mio destino.

Ho abbastanza tempo, energia, saggezza e denaro per realizzare tutti i miei desideri.

Mi aspetto l'inatteso; il mio bene supremo ora sta per manifestarsi.

Esiste un numero infinito di affermazioni. Sceglietе quelle che preferite. Fate in modo di personalizzarle perché si adattino alla vostra particolare situazione.

Elevare la necessità a piacere

C'è un'affermazione usata da Leonard Orr che mi piace in particolare: *Lavoro meglio, non più sodo*. La libertà è qualcosa che noi tutti vogliamo, ed è probabilmente uno dei principali obiettivi della gente che lavora. Ma lavorare solo per accumulare denaro per la pensione è coscienza della povertà, e finirete con il sopravvivere con quattro soldi. È come dire: "Non merito alcuna libertà finché non avrò passato anni di duro lavoro". Una condanna all'ergastolo. Non c'è ragione per cui dovremmo seguire l'ammonimento biblico, scritto più di duemila anni fa, secondo cui "guadagnerai il pane con il sudore della fronte". Molta gente è fissata su questo concetto. Se quest'idea è impressa anche nel vostro subconscio, l'affermazione *Lavoro meglio, non più sodo*, potrà cambiarla.

Una delle cose migliori che potete fare per la vostra coscienza della prosperità è di elevare quella di qualcun altro, per cui un'altra importante affermazione è: *Più aiuto gli altri a prosperare, più prospero io*. Il denaro dato ad altri significa più denaro in circolazione che può tornarvi. Una variante di questa affermazione è: *Una grande quantità di denaro sta arrivando nella mia vita; la merito e la userò per il mio benessere e per quello degli altri*.

Molte persone sono programmate all'idea che il denaro serve solo alle necessità, e che è frivolo o non spirituale spenderlo per il proprio piacere. Se vi sentite così, la vostra vita sarà grigia e vuota, e continuerete a restare poveri. Una vita senza gioia, divertimento o vacanza non vale la pena di essere vissuta, e come dice il proverbio: "Niente gioia, solo noia".

Se pensate che spendere denaro per voi sia immorale, dovreste cercare di programmarvi all'idea che parte dello scopo della vita è di godersela.

Una mia amica usciva con un uomo che era il classico scapolo taccagno. Pur guadagnando parecchio, Fred era sempre molto attento al centesimo, e non si concedeva mai lussi. Aveva solo due completi, mangiava sempre a casa e non comprava mai regali di compleanno o di Natale per i suoi amici e familiari perché li considerava frivoli. Il denaro che Fred risparmiava con le sue grette abitudini lo metteva in banca, su un libretto con il quattro e mezzo per cento d'interessi. Dato che l'inflazione ha superato quel tasso, il denaro di Fred ha cominciato a diminuire ogni anno, e con ogni probabilità lui finirà come uno di quei tanti anziani che sopravvivono a stento. Fred è un classico esempio di persona con la coscienza della povertà. È facile che la manifesti ancora perché è troppo avaro per comprare un libro come questo o per seguire un seminario sulla coscienza della prosperità. La sua è una vita senza gioia.

Il modo più efficace per vivere consiste nell'equilibrare le vostre spese necessarie con quelle cosiddette "superflue". Dovete capire che parte del vostro denaro è per voi e per i vostri piaceri. Non dovete lavorare solo per pagare le bollette, ma anche per godervi la vita. A causa della loro coscienza della povertà, molte persone accrescono le spese perché corrispondano ai loro guadagni, e non resta mai niente per il proprio piacere. Se la vostra mente subconscia riceve il messaggio per cui avete bisogno di denaro solo per le vostre necessità, organizzerà le cose in modo tale che tutto quel che guadagnate lo spenderete solo per lo stretto necessario. Perciò, fate un passo verso la coscienza della prosperità prendendo una parte del vostro denaro ogni settimana, fossero anche cinque o dieci dollari, e usatelo per voi. Fare sempre economia crea la coscienza della povertà. Imparate ad amarvi abbastanza da capire che meritate le cose belle della vita. Per superare l'idea secondo cui non meritate il piacere, usate una di queste affermazioni:

Una percentuale di quel che guadagno la tengo per me e per i miei piaceri.

Le mie entrate superano di gran lunga le mie spese.

Pur usando questo principio, dovete comunque stare attenti a non spendere a casaccio e a non indulgere in lussi che non vi interessano più di tanto. Non dimenticate di mettere sempre qualcosa da parte, cosa ugualmente importante.

Personalizzare il denaro

È una buona idea personalizzare il denaro invece di trattarlo come un sudicio pezzo di carta. In questo modo potrete sviluppare un'affinità per il denaro che lo attirerà a voi. Per esempio, potreste pensare al denaro come a una bella donna, o a un uomo attraente che ama farvi visita e non può fare a meno di voi. Potreste scrivere:

Il denaro sa dove vivo, e viene a trovarmi ogni giorno.

Il denaro mi ama, e io lo tratto con affetto in modo che venga da me spesso.

Certa gente dice di non essere interessata al denaro, e di badarci poco. Se il denaro vi è indifferente, voi sarete indifferenti a lui, e vi respingerà. Nell'universo, tutto ha una vita, a un certo livello, e il denaro non fa eccezione. Perciò fatene una realtà della vostra vita dandogli il rispetto che dareste a un caro amico o a una persona che amate. "*Amo il denaro, e il denaro ama me*".

Aumentate la vostra coscienza della prosperità

La coscienza della prosperità è davvero un'idea spirituale, che si basa sul principio secondo cui il Potere Creativo fornisce un'infinita ricchezza, e che parte di questa ricchezza è per il nostro uso personale. C'è un Potere più grande del potere del pensiero conscio, ma normalmente non è percepibile dalle nostre menti finite. Riconoscere questa verità è essenziale per lo sviluppo della coscienza della prosperità. Nessun grande successo duraturo è mai stato raggiunto da coloro che non riconoscono e non usano i poteri spirituali dell'universo. Se siete in contatto con lo spirito, vi ritroverete con un mare di opportunità per fare denaro, e mai a spese di altri.

Un'altra buona affermazione per aumentare la coscienza della prosperità è: *Le mie entrate aumentano ogni giorno, sia che io lavori, dorma o mi diverta.* Questo è vero perché, se avete un conto in banca, magari con solo cinquanta dollari, le vostre entrate aumentano ogni giorno perché ci sono gli interessi. Significa anche che programmate il vostro subconscio a darvi preziose idee ogni giorno perché le vostre entrate continuino ad aumentare. Se lavorate, la maggior parte delle vostre giornate significano un flusso di denaro positivo.

Scrivete una serie di cartoncini con le vostre affermazioni preferite, e metteteli dove potete vederli spesso durante la giornata: sullo sportello del frigorifero, sullo specchio del bagno, sul cruscotto dell'auto, o sul comodino accanto al letto. Anche se non li leggete sempre, entreranno nel vostro subconscio ogni volta che ci passate davanti e attiveranno le cellule cerebrali collegate a quei pensieri positivi. Vi sproneranno e vi ricorderanno della vostra capacità di attirare denaro nella vostra vita.

Un aspetto dello sviluppo della coscienza della prosperità è il sentirsi bene con se stessi in generale. Ecco alcune delle affermazioni che potete usare:

Fiducia in se stessi

Sono completamente rilassato, fiducioso nelle mie capacità e sicuro di me.

Posso realizzare qualunque obiettivo mi prefiggo, attraverso la pianificazione e l'auto-motivazione.

Concentrazione

Ho la capacità di focalizzare la mia piena attenzione su qualunque compito in qualunque momento. Sono in grado di concentrarmi profondamente su qualunque cosa mi metto in testa. Posso isolarmi da qualunque distrazione e focalizzare tutta la mia attenzione sul problema in questione.

Soluzione dei problemi

Ogni problema è un'opportunità per essere creativo, e io sono molto creativo. Considero ogni problema che mi si presenta come una nuova porta da aprire. Comincio ogni lavoro pensando a modi nuovi e migliori per svolgere il mio compito.

Rilassamento

Sono in grado di rilassarmi completamente quando voglio. Indipendentemente dalle circostanze, sono una persona molto calma e rilassata, con il pieno controllo di me.

Energia

Ho tutta l'energia che mi serve per la giornata che mi aspetta. Sono pieno d'energia vitale rinvigorente, e tutto il mio essere è fresco ed energico.

Autocontrollo

Sono composto, rilassato e tranquillo. Accetto tutte le sfide e le difficoltà con serenità.

Affermazioni per venditori

Ogni giorno do il mio prezioso contributo affinché altre persone possano avere (nome del prodotto).

Sono una persona cordiale e disponibile, e i miei clienti mi apprezzano.

Sono molto disciplinato e in grado di portare a termine tutti i miei piani quotidiani.

La gente che apprezza il mio prodotto ora apprezza anche me.

Quando la gente non vuole comprare il mio prodotto, non lo prendo mai come un fatto personale.

Più vendo, più facile diventa vendere di più.

Mi piace il mio lavoro e mi piace trattare con i clienti.

Le grandi forze universali mi stanno aiutando a raggiungere i miei obiettivi.

Le affermazioni sono strumenti che possono cambiare totalmente la vostra vita, ma se non le usate, non funzionano. Non ce la farete se continuate a dire: "Oh, sono troppo occupato per sedermi a scrivere queste cose!". Dovete avere la volontà di impegnare tempo ed energia per questa tecnica per sperimentare i profondi cambiamenti che avverranno se la applicate. Non potete cominciare quest'esperimento e dirvi subito: "Aspetta un po', sono tre giorni che scrivo questa roba e non ho visto un soldo. Non funziona". Il subconscio non lavora mai su pensieri fugaci; deve ricevere una costante programmazione finché le idee non si installeranno saldamente nella vostra mente e sostituiranno quelle negative che ci sono. Nessun successo duraturo verrà mai raggiunto da coloro che non intendono metterci il tempo e l'energia necessari. Dobbiamo imparare a pensare alla ricchezza costantemente e a coltivare fermamente questo pensiero costruttivo. Ci vuole una vigilanza costante per conquistare la supremazia sulle nostre menti sregolate. L'uomo o la donna che la esercita in modo persistente e diligente avrà la garanzia di successo in ogni campo della sua vita.

7. ATTIRARE L'AMORE NELLA VOSTRA VITA

> Onorare il proprio io... è amare la nostra stessa vita,
> amare le possibilità di crescita e di sperimentare gioia,
> amare il processo di scoperta e l'esplorazione
> delle nostre diverse possibilità umane.
>
> NATHANIEL BRANDEN, *To Honor the Self*

Una volta conobbi una bellissima donna: era intelligente, affascinante, istruita e una piacevole conversatrice, però s'impelagava sempre con uomini che la trattavano male. Marcia stava per affrontare il suo terzo divorzio quando venne da me per un consulto. Il suo primo marito era stato molto più anziano di lei, e l'aveva dominata completamente. In quella relazione, lei aveva mostrato il classico "Complesso di Elettra" freudiano, per cui cercava inconsciamente di "farsi amare da suo padre". Ma non funzionò. Il sostituto del padre era così insicuro per via della sua giovinezza e avvenenza che le impediva di avere amici, la seguiva quando usciva a passeggio, e non voleva che lavorasse per paura che in ufficio incontrasse un uomo più desiderabile. Dopo cinque anni di tirannia, e di mal di testa e mal di schiena, Marcia decise di divorziare per amore della propria salute mentale e fisica.

Poco dopo, venne corteggiata da un uomo della sua stessa età, che, come scoprì troppo tardi, era un cocainomane. Lui era riuscito a nascondere il proprio vizio così bene che lei non se ne rese conto se non quando erano sposati da quasi un anno, e aveva cominciato a notare sospette mancanze di denaro e gioielli. Dopo il secondo divorzio, e quattro anni di vita da single cercando di riprendersi dallo shock emotivo, Marcia si era sposata con un manager di gran prestigio, incapace di esserle fedele. Ogni tanto si ubriacava pure, e, quando si prendeva una delle sue sbornie, sottoponeva Marcia a sadici abusi verbali.

Il lavoro con Marcia mise in luce il fatto che lei inconsciamente si odiava, e attraeva uomini del genere perché quelli pensava di meritare. Marcia veniva da una famiglia in cui questa donna bella, intelligente e sensibile era stata trattata come una vera idiota, e veniva biasimata ogni volta che tentava di fare qualcosa. I suoi genitori l'avevano sempre svilita e umiliata, e lei aveva sviluppato un serio complesso d'inferiorità. Non c'era da stupirsi quindi che attraesse uomini che rinforzavano quella sua convinzione e "dimostravano" che lei era una persona immeritevole e detestabile.

È una legge cosmologica quella per cui la gente vi tratta come voi trattate voi stessi. Se vi odiate, non permetterete agli altri di amarvi. Quando abbiamo una scarsa opinione di noi stessi, non riusciamo ad accettare l'idea che qualcuno possa amarci; pertanto respingiamo la persona che lo fa, a favore di qualcuno che ci tratta male e rafforza il nostro senso di inadeguatezza. Richiamiamo a noi quelle persone e quelle cose in risonanza con il tipo di vibrazioni che emaniamo. Le nostre idee sul nostro valore agiscono nell'universo come una calamita e attraggono nel nostro ambiente il tipo di persona che si conforma alla nostra immagine interiore. In *Actualizations*, Stewart Emery scrive: "Se una persona ha un rapporto infelice con la propria vita, allora anche i suoi rapporti con gli altri saranno infelici. Le persone che non amano se stesse, non possono amare gli altri".

È possibile che alla fine di un rapporto disastroso, vi siate detti: "Non sapevo che il mio partner fosse così". Forse non a livello conscio, ma il vostro subconscio lo sa sempre; quell'area della mente governa la nostra vita. Come disse Freud: "Una mente subconscia capisce un'altra". A quel livello di consapevolezza, noi sappiamo esattamente quel che stiamo cercando di realizzare, anche se è distruggere noi stessi. Se le nostre vecchie convinzioni sono programmate per rapporti negativi e distruttivi, è proprio questo che otterremo finché non impareremo a cambiare queste nevrosi.

La nevrosi è causata dal continuo conflitto tra l'io idealizzato (quello che uno pensa che dovrebbe essere) e il vero io, e rappresenta la frizione tra il desiderio e il comportamento, secondo quanto segue:

DESIDERIO	COMPORTAMENTO
Giusta affermazione di sé	Scarsa affermazione di sé o Aggressività
Svolgere un lavoro	Procrastinare
Smettere le cattive abitudini	Dipendenza (mangiare troppo, bere, ecc.)
"Essere questo, essere quello"	"Non posso farcela" Resistenza/Ribellione Comportamento autodistruttivo (per es., trovare un partner che vi tratta male)

Tale comportamento suscita senso di colpa, che a sua volta conduce a:
Scarsa autostima che a sua volta provoca:
Abusi verbali contro se stessi, come pensare: "Non valgo una cicca", per poi dimostrare tale convinzione negativa.
Quest'odio nei propri confronti conduce a:
Repressione e rifiuto, chiusura ai sentimenti, incapacità di amare gli altri, paura di provare sentimenti d'amore per il timore del rifiuto, perdita di contatto con il vero io interiore per timore di vedere ciò che non piace in se stessi.

La nevrosi si manifesta in comportamenti come:

CONFLITTI INTERNI
Depressione
Ansia
Disturbi del sonno
Cronico senso di colpa
Scarsa autostima
Dipendenze (alcool, droghe, cibo, ecc.)
Malattie psicosomatiche (emicranie, mal di schiena, ulcere, bruciori di stomaco, ipertensione, ecc.)

CONFLITTI ESTERNI
Posticipazione cronica
Fobie
Atteggiamento difensivo
Scarsa affermazione di sé/Arrendevolezza
Vittimismo
Insoddisfazione cronica
Paura dell'intimità
Paura di perdere il controllo
Nervosismo, panico
Narcisismo
Aggressività
Senso d'isolamento, alienazione e chiusura in se stessi
Comportamenti ossessivo-compulsivi
Per esempio, perfezionismo: "Non lo faccio mai bene; non posso mai rilassarmi".
Dipendenza
("Devo dipendere da te perché non posso dipendere da me, e ti odio per questo")

Senso d'impotenza
("Dimmi cosa devo fare, ma resisterò e ti dimostrerò che sbagli")
Indecisione
(paura di commettere errori)
Lotta per il potere
(atteggiamento ostile, ipercritico, punitivo)
Materialismo eccessivo
("Sto bene perché possiedo questo")

Se siete una vittima di genitori che non sapevano amarvi, e quindi avete una limitata capacità di amare gli altri e voi stessi, potete cambiare la situazione grazie alle affermazioni e alla visualizzazione. Se da bambini avete subìto abusi verbali, o addirittura fisici, o scoprite di manifestare un certo numero di comportamenti nevrotici, sarà bene consultare un professionista che vi aiuti a deprogrammare le vostre antiche convinzioni, dettate dai genitori. Ma potete anche aiutarvi da soli, e quindi espandere la vostra capacità d'amare.

La natura dell'amore per se stessi

L'amore per se stessi non è egotismo. L'egotista o il narcisista in realtà non ama se stesso e ha assunto un atteggiamento di superiorità per difendersi dall'odio che prova nei propri confronti. Nella nostra società, tuttavia, esiste una sorta di tabù contro la pubblica espressione di amore per se stessi, che porta la gente ad avere paura di volersi bene. Notate, per esempio, quanto sia difficile per certe persone accettare un complimento. Arrossiscono, balbettano e tentano di minimizzare. Se vi amate davvero, proietterete sempre questo sentimento intorno a voi. L'essenza dell'amore è volersi abbastanza bene così da poter rispettare e amare gli altri.

La gente vi tratterà come voi trattate voi stessi, per cui cominciate a esaminare il modo in cui agite nei vostri confronti. Per esempio, pensate a qualcuno che considerate un vero amico. Quando vi trovate con questa persona, probabilmente tendete a essere premurosi, interessati, rispettosi, protettivi e affettuosi verso di lei. Avete a cuore i suoi interessi e le volete bene. Ora domandatevi: "Ho la stessa considerazione anche nei miei riguardi? Mi tratto in maniera gentile e affettuosa come tratto il mio amico?". In base a come vi valutate, potreste essere costretti a rispondere sinceramente: "No!". Se questa è la risposta, chiedetevi: "Perché?". Non siete forse importanti come il vostro amico? Allora trattatevi allo stesso modo! Osservate i messaggi che vi date continuamente. Vi insultate, vi abbaiate ordini, vi umiliate e svilite quando avete detto o fatto qualcosa che considerate inopportuna? Se è così, vi state solo sminuendo e pregiudicate la vostra autostima.

Molta gente entra in conflitto con se stessa perché divisa in due parti eternamente in lotta fra loro. Un modo efficace per superare questo conflitto interno è di riconoscere che siamo fatti di *tre* parti: il bambino che eravamo, l'adulto che siamo, e il genitore interiorizzato che, molto spesso, è critico nei nostri confronti. Anche se possiamo apparire e comportarci come un adulto, le altre due parti influenzano e governano sempre il nostro comportamento, e occorre riconoscerle e affrontarle.

Gli adulti che sono stati figli di genitori critici spesso hanno una forte, sprezzante voce genitoriale interiore che li governa. Come ha sottolineato la psichiatra Karen Horney, sono governati dalla "tirannia del dovrei". Si ripetono costantemente. "Dovrei fare questo", "Non avrei dovuto fare quest'altro", "Dovrei fare meglio", "Non dovrei commettere errori", e così via. Riconoscere, sfidare e mettere in discussione questi dettami contribuisce enormemente a liberarci dalla schiavitù del nostro critico genitore interiorizzato. Allo stesso tempo, il bambino che eravamo, che spesso ha paura e si sente solo, può essere rassicurato dalla parte adulta sul fatto che in realtà siamo una persona degna e amabile. Ogni volta che vi sentite insicuri, parlate al bambino che è in voi, e fate in modo che sappia che voi, l'adulto, gli volete bene. Amatelo, nutritelo e consolatelo mentalmente. Resterete sorpresi da quanto vi farà sentire meglio questo semplice esercizio.

Da bambina, e poi da adolescente, mi rimproveravo di tutto. Dopo essere uscita con gli amici, o essere stata a una festa, tornavo a casa e cominciavo subito a criticare il mio comportamento. Se avevo fatto qualcosa che consideravo stupida o socialmente sbagliata, m'insultavo per giorni e continuavo a rammentarmi della mia inettitudine. Alla fine, mi resi conto che in questo modo stavo diventando una nevrotica senza speranze. Cominciai a pensare al mio critico genitore interiorizzato come a una persona che mi stava sempre col fiato sul collo, che mi seguiva costantemente e mi disprezzava. Giurai che ne avrei preso il controllo, e messo fine a questo terribile senso di colpa e all'autocondanna.

Cominciai la mia trasformazione facendo un patto con me stessa: mi sarei concessa di correggere qualcosa che avevo fatto, ma una volta soltanto. Una volta è un'esperienza costruttiva; più volte significa solo tormentarsi e rimproverarsi. Così cominciai a etichettare certi comportamenti come inopportuni piuttosto che ottusi, stupidi, infantili o spregevoli, e mi dissi che adesso avevo imparato a non dire o a non fare certe cose e non c'era più bisogno di ripetermelo. Dopo di ciò, ogni volta che il genitore interiore cominciava a criticarmi, mi voltavo e gridavo: "Sta' zitto!" con quanta voce avevo in gola, a meno che, ovviamente, non mi trovassi in pubblico, allorché gridavo mentalmente. Può sembrare una cosa sciocca da fare, ma in tre settimane acquistai il totale controllo della mia autocondanna e non permisi più al mio tirannico genitore interno di svilirmi o umiliarmi.

Passiamo adesso a un metodo per migliorare l'autostima. Il primo principio da seguire per accrescere l'autostima è...

Parlatevi sempre in modo gentile

Trattatevi sempre come fareste con un caro amico e mai, mai attribuitevi appellativi ingiuriosi, né denigratevi per azioni che considerate inopportune. Come terapista, assegno sempre ai miei clienti il compito di farsi almeno un complimento al giorno. Per certe persone, questo è un compito molto difficile perché non riescono a pensare nemmeno una cosa di sé che piaccia loro.

Come possiamo aspettarci che gli altri ci amino quando siamo noi i primi a non amarci? Potete imparare a diventare un vostro caro amico e, se anche non vi piacciono alcuni dei vostri comportamenti, potete sempre amare il vostro io interiore che sta lottando per diventare una persona migliore e realizzata. In effetti, con alcune persone che sono molto sole e non hanno nessuno che le ama, dico sempre di ripetersi una frase la mattina appena sveglie, ancor prima di aprire gli occhi: "Io ti amo, ______ (il proprio nome); sei una persona meravigliosa". Se vi sentite non amati, resterete sorpresi da come questa semplice affermazione potrà cambiare i sentimenti che provate nei vostri riguardi. È come se il vostro Io Superiore – che è qualcosa che risiede nel vostro profondo – vi approvasse, rispettasse e amasse. È un modo meraviglioso per cominciare la giornata! Quando avete bisogno di amore, potete cominciare a darvelo da soli.

Fatevi almeno un complimento al giorno

Invece di contare sugli altri perché vi dicano che avete fatto un buon lavoro o che apprezzano quel che avete fatto, o il modo in cui siete vestiti, fatelo da soli. Questo migliora l'autostima e non resterete delusi se gli altri non si accorgono di certe cose. Ogni volta che riuscite a realizzare qualcosa, grande o piccola che sia, datevi una pacca sulla spalla e fatevi i complimenti. Siate orgogliosi di voi e apprezzate i vostri sforzi, così non dipenderete dagli altri per le congratulazioni.

Una volta un uomo mi disse che si era guarito da un doloroso mal di schiena semplicemente mettendosi una mano sui reni diverse volte al giorno e ripetendosi: "Ti amo, schiena. Sei una parte di me e mi prenderò cura di te meglio che potrò". Il dolore scomparve gradualmente. Che differenza dall'approccio che la maggior parte della gente adotta! Di solito odiamo la parte di noi che ci dà problemi, e ce la taglieremmo se potessimo, ma in questo modo non facciamo che concentrare energia negativa in quella parte.

Elogiatevi verbalmente

Nessuno può vivere senza avere la sensazione di essere una persona amabile e meritevole. Potete usare alcune delle seguenti affermazioni per accrescere la vostra autostima.

Io, [nome], mi piaccio. Sono una persona amabile.

Adesso mi sento amato e apprezzato dai miei genitori, dai miei amici e dalle persone che sono importanti per me (anche se non è vero, l'uso ripetuto di questa affermazione lo farà diventare presto!).

I miei giorni sono pieni d'amore, gioia e abbondanza.

Adesso do e ricevo amore liberamente.

Merito di essere amato, e sono una persona amabile.

Ecco ancora alcune affermazioni mirate all'accrescimento dell'autostima, tratte dal meraviglioso libro di Shakti Gawain *Creative Visualization*.

Ogni giorno divento più bello e sprizzo salute da tutti i pori!

Più amo e apprezzo me stesso, più bello divento.

Adesso sono irresistibile.

Sono gentile e amorevole, e ho molto da dare agli altri.

Oltre a scrivere queste o simili affermazioni, cercate di fare qualcosa di carino per voi ogni giorno. Non dev'essere per forza qualcosa che costi un sacco di soldi, come comprarvi un vestito nuovo, ma un semplice piacere che vi faccia sentire bene con voi stessi e nutra il vostro spirito. Può essere un bel bagno caldo, una passeggiata, un giro per le vetrine, un libro da leggere, un tramonto da guardare, o una musica da ascoltare. Prendetevi cura di voi stessi come vorreste che gli altri facessero con voi. Quando vi sentite amati dentro, fate spazio nel vostro cuore affinché possa entrare anche l'amore degli altri.

La posticipazione

La posticipazione cronica è uno dei più comuni comportamenti di autodifesa che assume la gente che ha difficoltà ad amarsi. Molte persone non riescono a fare quello che dev'essere fatto perché usano misure punitive e si vogliono costringere mentalmente all'azione, e richiamano così il loro bambino interiore che si rifiuta di collaborare. Le persone che da piccole sono state forzate spesso usano la posticipazione come difesa, e come modo di esercitare un potere in una situazione d'impotenza. La madre strilla: "Vieni qui subito! Lavati le mani immediatamente! Rimetti subito a posto la stanza!". Il bambino non si sente in grado di rifiutare, ma prende più tempo possibile per rimandare il compito. "Okay, mamma, lo faccio appena è finito questo programma. Sto arrivando, mamma. Un minuto e vengo".

In questo modo sottile il bambino si ribella al dominio. Poi, nel corso della vita, quando questa stessa persona tenta di pagare le bollette in tempo, di pulire il ripostiglio, di compilare la denuncia dei redditi, ecc., si urla internamente con lo stesso tono di voce che usava il suo genitore dominante. E che succede? La persona si ribella e posticipa fino all'ultimo minuto, e a volte anche oltre, e la sua vita diventa un inferno. Questo, ovviamente, è un comportamento di autodifesa che perpetua l'odio per se stessi. La persona si odia per essere fatta in quel modo, ma è incapace di smettere, perché il suo comportamento nevrotico è guidato dal bambino interiore, che non è mai stato affrontato nella maniera adeguata.

Un elemento essenziale dell'autostima è il giudizio che diamo a noi stessi per quel che realizziamo. Prenderci cura delle cose della vita che tendiamo a rimandare costruisce l'autostima. Se posticipate continuamente, non fate che crearvi ulteriori occasioni per considerarvi incompetenti o incapaci. Prendersi cura delle cose quotidianamente è un modo per schiarire la mente e avere più energia: perché non impegnate parte di quest'energia nello sforzo di tenere a mente qualcosa che dev'essere fatto? Svolgendo compiti quotidiani, gestite la vostra vita; e convincerete la vostra mente che siete una persona adeguata. Prendersi cura di questi compiti è un modo per *essere qui e adesso*, un modo per vivere il presente. Per liberare la vostra energia mentale, cominciate a svolgere i lavori che avete evitato, e l'aumento dell'autostima sarà la conseguenza automatica dell'aver realizzato i vostri compiti.

Ecco un metodo sistematico per affrontare la posticipazione cronica. Prendete un foglio ed elencate le cinque cose più importanti che dovete fare. Per cominciare, scegliete quelle più semplici. Poi fate una stima del tempo che vi ci vorrà per realizzare il progetto. Spesso si può facilitare un compito semplicemente immaginando quanto tempo occorrerà. Potreste restare sorpresi nel vedere che alcune delle voci elencate nella lista potrebbero essere completate in quindici minuti o mezz'ora, e invece voi le avete rimandate per settimane, impegnando inutilmente parte della vostra energia nel preoccuparvi. Poi chiedetevi: "Perché ancora non l'ho finito?". Elencate quanti più motivi riuscite a pensare. Probabilmente avete un'immagine mentale che il compito è sgradevole, magari anche faticoso, o così pesante da sembrarvi insormontabile. O magari non siete sicuri di possedere le capacità per farlo. Se è così, scrivete tutto.

Nella colonna successiva, elencate le soluzioni a ciascuno degli ostacoli che avete scritto. Se pensate di non avere abbastanza informazioni per completare il lavoro, scrivete chi dovete contattare o a chi dovete rivolgervi per avere quelle informazioni. Poi elencate i benefici che vi aspettate di ricevere come risultato dell'adempimento. Per esempio, può trattarsi di un aumento di autostima, di un senso di adeguatezza, di liberazione dalle preoccupazioni, o di più tempo per svagarvi. O magari potreste aspettarvi qualche beneficio esteriore, come una lode o una somma di denaro extra. Mettere per iscritto questi benefici vi aiuterà a sentirvi più motivati. E ancora, elencate i passi che dovete fare per svolgere il compito. Scomponeteli in passi molto piccoli. Qual è la prima cosa che dovete fare? Prendere dei fogli, andare alla scrivania, aprire la porta del ripostiglio, prendere degli scatoloni? Fate una lista di *tutto* ciò che vi occorre fare. Quando avrete scritto tutti i passi, decidete quanto deve durare ciascun passo. Poi scrivete una data accanto a ogni passo. Se avete un grosso compito che vi aspetta, sarà meglio suddividerlo in vari sabato. Probabilmente non riuscirete a motivarvi a trascorrere tutto il weekend a lavorare in garage, perciò preparate una tabella di marcia realistica, tipo dall'una alle cinque di ogni sabato per le prossime tre settimane. Ricordate che dovete essere convinti di farcela!

Ora, usate l'immaginazione. Prendetevi qualche minuto per rilassarvi e visualizzare voi stessi che svolgete il compito e lo portate a termine. Questo punto è molto importante per aumentare la motivazione. Potreste vedervi che dite a qualcuno che avete finito, e vedere l'altro che si compiace. O potreste visualizzarvi mentre fate un passo indietro e ammirate quanto è a posto il garage o com'è ordinato il ripostiglio adesso che avete eliminato tutte le cianfrusaglie. Notate come vi sentite bene quando avrete realizzato il vostro progetto. Questa è una delle parti più significative del programma perché, se potete compiere il lavoro nella vostra mente, troverete molto più facile compierlo nella realtà.

Infine, scegliete una ricompensa che vi darete quando avrete finito. Non dev'essere necessariamente qualcosa di grosso, ma è importante gratificare i vostri sforzi con un premio. Fotocopiate la pagina seguente per aiutarvi a superare sistematicamente la posticipazione. In questo modo accrescerete enormemente la vostra autostima!

PROGRAMMA PER SUPERARE LA POSTICIPAZIONE

1. Il *lavoro più importante* che devo svolgere questa settimana è:

____

2. *Comincerò* questo lavoro il:

____

3. *Tempo complessivo* stimato per svolgere il lavoro:

____

4. *Motivi* per cui finora non l'ho fatto:

____

____

____

____

5. *Soluzioni* per ciascuno dei motivi citati:

____

____

____

____

6. *Passi* per completare il lavoro: Durata (ciascun passo)

____

____

____

____

7. *Benefici* che trarrò dal completamento del lavoro:

____

____

____

8. *Visualizzare lo svolgimento e il completamento* del lavoro. Provare la sensazione del suo adempimento.

9. Alla fine, mi *ricompenserò* nel seguente modo

____

Firma: ______________________ Data: ______________

Attirare l'amore

L'ingrediente più importante per attirare l'amore è imparare innanzi tutto a vivere con, per e grazie a voi stessi. Se siete single, potete creare le condizioni per l'amore cominciando a essere persone amabili per voi e per gli altri. Invece di un periodo di sofferenza e solitudine, l'essere single dev'essere un periodo da dedicare alla valorizzazione di sé. È il modo migliore per sviluppare le vostre risorse interiori e per arrivare a capire chi siete al livello più profondo del vostro essere. Stare da soli può essere un periodo per scoprirsi e rinnovarsi: se riuscite a vedere la possibilità di tale crescita, è un'opportunità per acquisire nuove certezze su voi stessi.

Essere single è una grande sfida e aiuta a sviluppare la forza interiore necessaria ad affrontare la vita come individui forti e indipendenti. Quando una persona si unisce a un'altra può arrivare a perdere la visione del proprio io e cominciare a vivere attraverso l'altro. Chi ha sviluppato le proprie risorse e le proprie capacità di solito è molto più interessante di una persona che ha sempre vissuto all'ombra di un'altra. Quando arriva il partner giusto, la persona avrà qualcosa da donare e da condividere con l'altro. Diventa una persona completa, unificata con il proprio centro, e gli altri se ne accorgeranno e lo apprezzeranno.

L'amore, come le altre cose della vita, si può produrre consciamente. Proprio come potete fare affermazioni per accrescere la vostra prosperità, così potete attirare nella vostra vita il tipo di persona che desiderate, usando lo stesso procedimento. Anche in questo caso agiscono le leggi dell'universo. Dovete stare attenti a non violare la legge cosmica manipolando la volontà di un altro. Perciò, fate affermazioni per il tipo di persona che cercate, ma *non specificate mai una persona in particolare*. Lasciate che sia lo spirito a trovarla e, se è cosmologicamente giusto per voi avere quella persona, sicuramente accadrà. Al contrario, se cercate di forzare le cose attraverso il potere del pensiero, potreste anche riuscire ad attirare un individuo in particolare, ma ci saranno sempre dei risvolti negativi, secondo la legge cosmica di causa ed effetto.

Prima di usare affermazioni per l'amore occorre innanzi tutto avere una chiara immagine mentale del tipo di persona che si desidera. Sembra una cosa ovvia ma, che ci crediate o no, molte persone non pensano mai consciamente alle specifiche caratteristiche della persona che meglio potrebbe armonizzarsi con la propria personalità. Sarà bene quindi prendere un foglio e metterle per iscritto. Se avete difficoltà, cominciate pensando alle vostre qualità e stilate un elenco. Volete un partner che abbia le vostre stesse qualità, o preferite che abbia le qualità opposte per controbilanciare le vostre? Per esempio, se avete la tendenza a essere spendaccioni, forse desiderate un partner che sappia gestire il denaro, che possa aiutarvi ad arginare le vostre abitudini eccessive. Se amate la musica classica, magari preferite qualcuno che la ami come voi; altrimenti, la sua passione per l'hard rock vi farebbe ammattire. Se siete un tipo sportivo, sarà meglio pensare a qualcuno che condivida questo interesse, piuttosto che una persona che ama stare a casa a leggere o a guardare la televisione.

Inoltre, dovreste fare un elenco delle qualità interiori che vorreste in un compagno, come: onesto, affettuoso, fedele, gentile, premuroso, maturo, spirituale, economicamente stabile, o qualunque altro aggettivo v'interessi. Dato che è una parte molto importante delle vostre affermazioni, dovreste dedicare del tempo a meditare seriamente sul tipo di persona che desiderate. Ricordate, più precisi riuscite a essere, più facile sarà per il vostro subconscio realizzare il vostro desiderio.

Un'altra importante domanda da porsi, prima di scrivere le affermazioni, è: "Qual è il mio obiettivo?". Volete sposarvi o soltanto vivere con una persona per un certo periodo di tempo? State cercando una relazione stabile e duratura, o soltanto un rapporto temporaneo? Magari siete così impegnati nel costruirvi una carriera che in questo momento non desiderate altro che un compagno con cui divertirvi un po', e che condivida lo stesso livello di impegno. Siete un tipo che si aspetta fedeltà assoluta ed è disposto a dare altrettanto al partner? In questo caso, inserite la fedeltà o la lealtà fra le qualità che desiderate. Vi aspettate un matrimonio monogamo o preferite un rapporto aperto con entrambi i partner liberi di frequentare altre persone? E se volete il matrimonio, prevedete anche i figli? In questo caso, dovreste specificare che desiderate un compagno che voglia avere figli.

Assicuratevi di inserire tutto quel che desiderate nelle vostre affermazioni, ma al tempo stesso riconoscete i vostri limiti. Se non avete l'aspetto e le misure di una top-model, è improbabile che attirerete l'equivalente di un divo di Hollywood. Nessuno è perfetto, ma c'è la tendenza umana a pensare di poter attirare dei belloni, respingendo persone che non corrispondono all'immagine fantasticata che ci siamo fatti. Quando avete completato la lista, rileggetela e chiedetevi se sia realistica. Per esempio, se desiderate una donna snella, bionda, bellissima, presidente di una grande compagnia, intelligente, istruita, affascinante e ricca, riflettete realisticamente su voi stessi per vedere se avete abbastanza da offrire a questa persona.

Laura, una mia ex paziente, è un esempio dell'importanza di specificare tutto quel che si desidera in un compagno. Aveva divorziato da suo marito dopo dieci anni, perché era pigro, noioso e impotente. Per sette dei dieci anni passati insieme, l'uomo aveva mostrato un totale disinteresse per il sesso e non aveva voluto cercare aiuto per risolvere il problema. Così Laura cominciò a usare le affermazioni, focalizzandosi principalmente sulla propria necessità di avere una relazione sessualmente appagante. Ed è proprio quel che ottenne: un uomo molto virile e in grado di soddisfarla sessualmente. Ma ben presto Laura scoprì che lui voleva soddisfare anche altre donne, e non credeva nella monogamia. Andò avanti due anni, sentendosi distrutta ogni volta che lo sorprendeva con un'altra, e questo danneggiò la sua autostima peggio dei dieci anni passati col marito indifferente. Alla fine non ne poté più. Decise che l'appagamento sessuale non valeva tutte le umiliazioni, e salvò quel poco che le restava del rispetto per se stessa lasciandolo. A questo punto quasi perse il lavoro a causa del suo scombussolamento interiore, e dovette ricorrere alla psicoterapia per ristabilire la fiducia in se stessa. Prima di cominciare a usare le affermazioni per un compagno più soddisfacente, lavorò parecchi mesi a un programma per sviluppare la propria autostima, e convincersi che era una persona amabile e degna di qualcosa di meglio.

Un libro interessante, contenente molte affermazioni per trovare un partner, è *I Deserve Love* di Sondra Ray, e alcune delle seguenti affermazioni sono state tratte da lì. Sebbene questi esempi siano stati scritti in prima persona, ricordate di mettere il vostro nome. E dovreste anche scriverle in tutte e tre le persone singolari (io, tu, lui/lei). Quando scrivete le vostre affermazioni nella seconda e terza persona, avrete la sensazione che "qualcun altro" crede che possiate ottenere quel che volete, e imprimerlo ulteriormente nel vostro subconscio.

> Io, Dorothy, merito amore, e il tipo d'uomo che desidero sta arrivando. Sarà interessante, gentile, affettuoso, fedele, economicamente stabile, premuroso, istruito, emotivamente maturo, e gli piaceranno i bambini.
>
> Io, Marc, merito amore, e il tipo di donna che desidero sta arrivando. Sarà intelligente, attraente, cortese, amorevole, atletica, amante della musica rock, e in grado di seguirmi se mi trasferisco.
>
> Io, Joanne, sto attirando un uomo che sia tenero, gentile, responsabile, intelligente, affermato, aperto e con un gran senso dell'umorismo.
>
> Io, Paul, sto attirando una donna che sia affettuosa, passionale, interessata ai miei figli, sicura di sé, allegra, e desideri stare a casa e prendersi cura della famiglia.

Io, Patricia, sono piena di pensieri amorevoli e di potere magnetico così da attirare verso di me il giusto tipo di relazione. Ci sono tanti uomini giusti per me, e io li attiro a me.

Io, Larry, sto attirando nella mia vita una donna che sia spiritosa e piacevole, una con cui mi possa divertire.

Potete anche specificare più o meno quando incontrerete la persone che desiderate:

Io, Jeannie, sto emanando vibrazioni mentali d'amore, e il tipo di persona che desidero sarà attratto da me. Lo incontrerò a primavera, e ci sposeremo per la fine dell'anno.

Io, Bob, sono guidato verso luoghi dove incontrerò il tipo di persona che desidero. La legge universale sta lavorando affinché io mi trovi al posto giusto nel momento giusto. Il mio vero amore sta arrivando. Ci compreremo una casa insieme e ci sposeremo per Natale.

Ascoltare la voce interiore

A volte le persone hanno difficoltà ad attirare amore perché non sono realmente pronte a impegnarsi con qualcuno. Questo può essere dovuto a tanti motivi, come essere troppo occupati per dedicarsi a qualcun altro. Per scoprire qualunque pensiero nascosto che v'impedisce di trovare l'amore, dovreste dividere un foglio a metà; usate una parte per le affermazioni positive e l'altra per scrivere qualunque pensiero negativo o contrario che sentite. Ascoltate attentamente il vostro corpo mentre scrivete e notate se ci sono reazioni negative. Se è così, scrivete anche queste reazioni, e sfidatele scrivendo delle contro-affermazioni:

Per esempio, Barbara cominciò a scrivere:

Io, Barbara, adesso ho il tempo e l'energia per una relazione duratura e monogama, e questo si sta per realizzare.

Ma ogni volta che scriveva questa frase, si sentiva contrarre i muscoli dello stomaco. Così, usando l'altra metà del foglio, scrisse il seguente dialogo:

Ma davvero? Guarda che sei troppo occupata con la tua carriera per dedicare tempo a qualcun altro.

Può darsi, ma mi sento molto sola, e voglio una relazione duratura e monogama, e questo si sta per realizzare.

Piantala di illuderti. Non puoi farcela. Lui esigerà il tuo tempo e finirai con l'odiarlo.

Forse hai ragione. Immagino che questo sia il momento sbagliato per cercare un obiettivo a lungo termine. Sarà meglio che mi concentri prima sulla mia carriera.

Questo dialogo mentale ha portato Barbara a riformulare la propria affermazione in:

Io, Barbara, merito amore, e sto attirando nella mia vita qualcuno con cui stare bene, che abbia dei propri progetti e che non mi chieda troppo tempo.

Affermazioni per superare la paura dell'amore

A volte la gente non riesce ad attirare amore perché è stata ferita in passato, e ha paura che possa accadere di nuovo. Se è questo ciò che vi impedisce di trovare un partner adeguato, usate alcune delle seguenti affermazioni:

Io, _____, adesso sono libero dal passato che riguarda le mie esperienze emotive negative. Ho imparato molto da quelle esperienze e non ripeterò gli stessi errori.

Io, _____, non mi focalizzo più sulle ferite subite in passato. Al contrario, sono sicuro che la mia prossima relazione sarà armoniosa e stabile.

Io, _____, merito d'avere qualcuno che mi ami, e il tipo di persona che desidero sta arrivando.

Io, _____, perdono ______ per il modo in cui mi ha trattato e adesso rilascio questa esperienza nell'universo e non ne soffrirò più.

Io, _____, non ho più bisogno di vendicarmi degli uomini (donne) e posso lasciarmi amare.

Io, _____, sono disposto ad accettare l'amore e smetterò di resistere. È bello lasciarsi andare all'amore.

Io, _____, mi assumo la piena responsabilità delle mie azioni, così da non sentirmi più in colpa per qualcosa che ho fatto in passato.

Io, _____, non provo più rabbia nei confronti delle donne (uomini). Mi sento amorevole verso di loro, e sto attirando una persona amorevole nella mia vita.

Io, _____, mi sto liberando dalla mia esperienza passata con _____ e non ne sono più influenzato.

Io, _____, nel mio cuore serbo ancora amore per_____, ma dato che lui/lei non prova più interesse per me, accetto completamente la situazione e gli/le auguro ogni bene per la sua nuova relazione.

Meritate l'amore

Molte persone hanno difficoltà a trovare un compagno amorevole semplicemente perché ritengono di non meritarlo. Se vi sentite così, usate le affermazioni per convincere il vostro subconscio che meritate l'amore.

Beverly, una gay, prese un appuntamento con me perché si sentiva così immeritevole da non essere stata capace di trovare una compagna per tre anni. Per cinque anni aveva vissuto con una donna che all'improvviso aveva deciso di non poter più sopportare le enormi difficoltà di essere gay in una società che condanna chi ama persone dello stesso sesso. L'ex amante di Beverly viveva nel terrore di essere scoperta, di perdere il lavoro e di trovarsi contro amici e parenti. Alla fine, disse a Beverly che voleva troncare la relazione, sposare un uomo e cercare di vivere una vita "normale" senza sotterfugi. Beverly ne rimase sconvolta e arrivò persino a meditare il suicidio. Nella sua disperazione, andò a casa e rivelò per la prima volta ai suoi genitori che era lesbica. Purtroppo, i suoi rimasero inorriditi dalla rivelazione e le dissero che era un "abominio davanti al Signore" e che non volevano più vederla.

A causa dei suoi profondi sentimenti d'inadeguatezza e nel timore di essere ferita ancora in amore, Beverly era incapace di trovare un'altra donna da amare. Durante la psicoterapia, lottò duramente per recuperare la sua dignità e il rispetto di sé come persona, anche se il suo stile di vita era diverso da quello della maggioranza. Alla fine si rese conto che non era importante come gli altri la vedevano, ma come lei vedeva se stessa. Sapeva di non essere un "abominio" perché amava le donne, e decise di restare fedele al proprio io interiore e non ai dettami degli altri. Una volta risolti i suoi conflitti interni e accettata se stessa, Beverly cominciò a usare affermazioni positive per l'amore, e trovò una nuova compagna nel giro di pochi mesi.

Superare la programmazione negativa

Se siete stati vittime di concetti negativi da bambini, come: "Sei uno stupido", "Perché non sei come tuo fratello più grande?", "Sei goffo e maldestro", "Non combinerai niente di buono nella vita", ecc., usate le seguenti affermazioni per cambiare queste suggestioni. Ricordate, dovete trovare quante più ragioni possibili per cui meritate amore, affinché il vostro subconscio possa riprogrammarsi all'idea che siete veramente meritevoli.

Provate alcune delle seguenti affermazioni:

Merito amore perché sono una persona affabile e amorevole e ho aiutato tanta gente nella mia vita.

Merito amore perché ho tanto amore da dare e sono disposto a condividerlo con altri.

Merito amore perché ho tante qualità e ho a cuore la gente.

Merito amore perché ho sofferto tanto nella mia vita, e non intendo soffrire più.

Merito amore semplicemente perché sono vivo, e ho diritto alla felicità.

Ho un'alta opinione di me stesso e quindi è facile che la gente mi ami.

Mi sento sicuro della mia capacità di attirare il tipo di persona che desidero, e merito il meglio.

Merito amore perché sono una persona amabile.

Le affermazioni, quando usate con costanza, possono aiutarvi a crearvi una vita così come la desiderate: felice, prospera, sana, appagante, gioiosa, creativa e, soprattutto, piena d'amore. Riprogrammando le vostre barriere all'amore, sia consciamente sia inconsciamente, potrete godere della piena realizzazione e della soddisfazione che sempre accompagnano il vero amore.

8. UNA GUIDA DAL VOSTRO IO SUPERIORE

L'emozione più bella e più profonda che si può sperimentare
è il senso del mistico.
È il potere di tutta la vera scienza... Sapere che ciò che non possiamo
penetrare esiste davvero, manifestandosi come la suprema saggezza
e la bellezza più radiosa che le nostre appannate facoltà
possono comprendere solo nella loro forma più primitiva:
questa conoscenza, questo sentimento è il nucleo della vera religiosità.

ALBERT EINSTEIN

Per quanto questo libro parli di vari metodi per raggiungere il successo nella vita, occorre ricordare che la vera felicità non dipende dai beni materiali, dal prestigio, dal potere o dallo status sociale. Sono molti coloro che, pur avendo ottenuto tutto questo, restano individui soli e angosciati. Una completa e duratura realizzazione può derivare soltanto dallo sviluppo di una relazione armoniosa con il vostro io interiore. Il primo passo, sempre, consiste nel lavorare per diventare la persona che volete essere. Le cose che volete avere nella vita saranno una conseguenza automatica.

Tutti noi viviamo su quattro livelli: fisico, mentale, emotivo e spirituale. Dobbiamo alimentare e sostenere tutti e quattro questi aspetti della nostra esistenza se vogliamo diventare esseri umani psicologicamente sani e realizzati. Il bisogno di conoscenza, di valori più alti, di una vita spirituale, è reale come i bisogni biologici e sociali. Due grandi psichiatri, Roberto Assagioli, autore di *Psicosintesi*, e Carl G. Jung, hanno fortemente sottolineato l'importanza di sviluppare le nostre più alte funzioni psichiche, la dimensione spirituale della nostra vita, dato che la consapevolezza conduce all'integrità, alla sicurezza e alla gioia.

Quel che stiamo sperimentando in quest'èra tecnologica è un impoverimento del nostro io spirituale. Viviamo in una società che ci sommerge di "cose" che veniamo spinti a comprare, ma che ci offre molto poco per nutrire la parte più elevata ed estetica della nostra natura, e così il nostro io trascurato finisce con l'inaridirsi. La prova di questo è l'alto numero di persone nevrotiche e infelici, molte delle quali assumono grandi quantità di farmaci o di droghe, alcool e altre sostanze, per alleviare il proprio dolore emotivo. Dobbiamo renderci conto – e spesso la vita ci costringe a farlo – che l'aspetto spirituale della nostra personalità ha bisogno di essere nutrito, ed è essenziale per la nostra vita come l'acqua e il cibo. "Non dare credito alla vita spirituale", disse una volta Albert Einstein, "significa negare la validità dell'esperienza umana".

Non è possibile vivere una vita emotivamente equilibrata senza entrare in contatto con il proprio io interiore. Possiamo sviluppare la nostra personalità, il nostro intelletto, il nostro corpo fisico e la nostra carriera, ma alla fine dovremo sempre rispondere alle domande più profonde, essenziali della vita, se vogliamo realizzare il nostro pieno potenziale come esseri umani, le più avanzate creature del pianeta. "Qual è il significato della mia vita?". "Qual è il mio scopo e obiettivo finale?". Queste domande sono fondamentali per vivere una vita gioiosa e armoniosa, eppure sono proprio queste domande che le nostre istituzioni accademiche ignorano ampiamente. Le nostre scuole e le nostre università producono studenti che sanno come programmare un computer e analizzare dati, ma che non sanno come vivere una vita costruttiva e pienamente realizzata.

Tutti noi siamo consapevoli di avere cinque sensi – udito, vista, olfatto, gusto e tatto – che ci forniscono informazioni dal mondo esterno. Ma spesso non sappiamo di avere anche dei sensi interni, come l'intuito, l'immaginazione, la percezione, la chiaroveggenza e altre facoltà che vengono definite come percezioni extrasensoriali. La civilizzazione ha scelto di ignorare questi sensi interni, e questo disinteresse ci ha portati a un impoverimento spirituale. Eppure, nel regno subconscio della nostra mente, esiste una ricchezza di conoscenze nascoste di cui ci potremmo avvalere se solo ascoltassimo. Possiamo sviluppare consciamente tutte le nostre facoltà, stimolarle e accrescerle, perché ci troviamo in uno stato di *divenire* che può significare sia uno sviluppo sia una regressione, secondo l'attenzione che vi poniamo.

Per espandere la nostra coscienza e cominciare a vivere in una dimensione più elevata, dobbiamo sviluppare queste facoltà intuitive, che cominceranno a svelarsi secondo un processo naturale, quando tenteremo consciamente di vivere una vita migliore e di esprimere emozioni positive come l'amore, la gioia e la compassione. Per quanto al giorno d'oggi molte persone abbiano un'infarinatura di capacità extrasensoriali, in genere però non hanno ancora sviluppato la propria coscienza spirituale. D'altro canto, è una vergogna che alcune delle cosiddette persone psichiche considerino il proprio dono come un viaggio dell'ego, sostenendo di avere qualcosa che altri non hanno, e speculandoci sopra. Non potrò mai sottolineare abbastanza il fatto che il dono del potere intuitivo è alla portata di tutti, quando si è aperti a riceverlo.

L'importanza della meditazione

Uno dei metodi fondamentali per sviluppare ed espandere le nostre facoltà superiori è la meditazione, la via più importante e diretta per la coscienza superiore. Attraverso una costante e regolare meditazione, la voce dell'intuito ci parla per guidare e assistere la nostra vita. Ma la gente spesso evita la meditazione, affermando che è troppo difficile imparare il metodo giusto. Ma esiste un metodo giusto? È proprio necessario frequentare corsi di tecniche specifiche e imparare complesse discipline per poter meditare nel modo giusto? Risponderei a queste domande rifacendomi al grande maestro indiano Krishnamurti: "Non chiedermi come meditare, fallo!". La meditazione può cominciare con una delle domande più semplici: "Chi sono?". E poi ascoltare i pensieri che affiorano. Oppure: "Io sono una espressione dello spirito. Come ha scelto di esprimersi lo spirito attraverso me?".

Nel suo splendido libro *Learn to Meditate*, David Fontana dice: "La meditazione ... rappresenta il metodo più profondo per esplorare la mente, e sondare i misteri dell'essere, noto all'umanità ... Come un viaggio durante il quale a ogni curva ci si aprono nuovi orizzonti, la meditazione ci svela intuizione dopo intuizione, a mano a mano che ci conduce sempre più nel profondo". Aiutandoci a conoscere noi stessi al livello più profondo, la meditazione arricchisce la nostra vita come nessun'altra disciplina è in grado di fare.

Quando la meditazione diventa un'abitudine, si verifica un cambiamento permanente nella vita di una persona, che comincia a percepire l'esistenza di qualcosa oltre i cinque sensi. Nel diventare sempre più spirituali, vi renderete conto che la forza interiore che potete costruire con la meditazione vi aiuterà a superare qualunque problema. Ogni volta che praticate la meditazione, acquistate qualcosa che andrà ad arricchire la vostra anima per sempre.

La storia ci dimostra che le menti più evolute e illuminate di questo mondo, come Socrate, Platone, Walt Whitman, Mary Baker Eddy, santa Teresa d'Avila, trascorrevano molto tempo nella contemplazione interiore, entrando in contatto con la propria natura più elevata, che è l'unico modo per realizzare se stessi. Queste grandi anime erano, per la maggior parte, individui solitari; uomini e donne che camminavano da soli, pensavano da soli e comunicavano con la natura da soli. In solitudine, ciascuno di loro arrivò a cogliere il significato della propria vita e la direzione verso cui guidarla. È in questi momenti di solitudine che possiamo scoprire il nostro io interiore, e capire la vera natura del nostro rapporto con la vita.

La maggior parte della gente rifugge la compagnia di se stessa, cercando di trovarsi attraverso gli altri. Le persone che temono di restare da sole, riempiono la propria vita di chiasso e distrazioni, soffocando la piccola voce interiore. Se, invece di fuggire, riuscirete a trascorrere del tempo con voi stessi, proverete la felice esperienza di scoprire chi siete in realtà nei più profondi livelli del vostro essere. Per fare spazio a una maggiore comprensione, occorre rimuovere l'ego. L'unico modo per farlo è di avere abbastanza tempo e silenzio per dare allo spirito l'opportunità di parlare alla vostra mente e al vostro cuore. Se non farete spazio nella vostra coscienza allo spirito, non potrete farvi guidare dalla Sua voce.

Non è necessario isolarsi dal mondo rifugiandosi in un monastero o in una grotta himalayana per meditare. Si può imparare a restare nel mezzo di un conflitto e affrontarlo per quel che è, pur mantenendo la propria serenità. La meditazione non è un ritiro dal mondo; è un ritorno alla realtà, ma una diversa visione della realtà. La vera felicità deriva dal combattere e sconfiggere le difficoltà, non dall'evitarle. Le persone che vivono quella che possiamo definire una vita contemplativa, o vita spirituale, non consentono alla confusione e alla dissonanza del mondo di disturbare la loro pace interiore. Come ha detto il dottor Thurman Fleet: "Non c'è niente che meriti di disturbare la vostra pace interiore". Adottare questa filosofia è un modo meraviglioso e sereno di vivere, indipendentemente dalle circostanze esterne.

Come afferma Thomas Merton in *The Seven Storey Mountain*:

> La persona contemplativa cessa di identificarsi con le azioni che contribuiscono ai problemi, alla violenza e alla follia della massa. Osserva la scena, ma non ne resta emotivamente coinvolta. Eppure, al tempo stesso, non si crogiola nell'illusione d'essere migliore di coloro che sono coinvolti. Non è il mondo che è cattivo, ma il modo di essere nel mondo che uccide ciò che è più vitale in un uomo se ne diventa schiavo. E allora l'individuo sperimenta dentro di sé l'intrappolamento dello spirito, o la separazione della natura più bassa da quella più elevata... e si perde. Colui che è libero dal dominio delle proprie emozioni è l'unico che può pensare in maniera intelligente. Poiché non è governato esclusivamente dalle passioni, può vedere con chiarezza, e agire di conseguenza grazie alla padronanza di sé.

La meditazione è una potente tecnica di trasformazione che non richiede una particolare preparazione. Perciò potete cominciare a usarla da subito, anche prima di aver finito di leggere questo libro. Per aiutarvi, ecco alcuni semplici passi che contribuiranno a creare l'atmosfera adatta. Fondamentale per una buona meditazione è trovare un posto tranquillo, senza distrazioni. Al principio dovreste dedicare dai quindici ai trenta minuti alla meditazione. In seguito, quando comincerete a sperimentare i benefici di questo tempo di serenità, potreste sentire la voglia di prolungarlo. Assicuratevi di non poter essere disturbati dal telefono, dai figli, dal cane, perché se temete di essere interrotti, non riuscirete a raggiungere la massima introspezione. Sarà particolarmente utile scegliere una stanza da usare per la meditazione; se non potete, scegliete una sedia particolare da utilizzare solo quando meditate. Questo innescherà un "riflesso condizionato" ogni volta che vi accomoderete su quella sedia, fondamentali ai fini della vostra intenzione.

È preferibile meditare con le luci spente e gli occhi chiusi, ma se non ve la sentite, limitatevi ad abbassare le luci in modo che non vi distraggano. Cominciate a meditare rilassando il più possibile il vostro corpo. Se volete, potete usare la formula di rilassamento descritta nell'Appendice A (vedere pagina 171).

Quando cominciate a meditare, probabilmente vi ci vorranno un paio di settimane per allenare la mente a focalizzarsi sul compito. La mente è subdola, e spesso vi porterà a pensare alle cose che meno vorreste all'inizio di una meditazione. Anche se siete già abituati alla meditazione, ma avete smesso di praticarla per qualche tempo, potreste scoprire che vi ci vorrà un paio di settimane per riuscire a rimettervi in sintonia. Che siate principianti o ex praticanti, abbiate pazienza: la ricompensa sarà straordinaria!

Personalmente preferisco dividere il mio periodo di meditazione in due parti, che definisco una *concentrazione* e l'altra *decentrazione*, o parte attiva e passiva della seduta. Nella parte attiva, dopo aver calmato il mio corpo e la mia mente, passo dai cinque ai dieci minuti a formare immagini mentali e a usare affermazioni per le cose che voglio ottenere nella vita. Quando sento di aver finito, comincio la parte passiva della meditazione, durante la quale si verificano gli effetti più profondi e arrivano i pensieri ispiratori. Questo è il momento in cui si tenta di tacitare l'ego per ascoltare in silenzio la propria voce interiore. A questo stadio, dovete arrestare gli ingranaggi della mente e lasciare che vi arrivino i pensieri, i lampi d'intuizione e le guide dello spirito. Questo può essere un momento di gioia sublime, un momento in cui entrate in contatto con l'Infinito e percepite un pacifico e beato senso di unità con tutta la vita. Questa è l'estasi di cui parlano i mistici e i santi, e, seppur rara, è il beneficio più grande della meditazione e la sua maggiore conquista. Tutti possono provarla, purché disposti a impiegarci il tempo e l'energia necessari.

Per raggiungere questo stato, vi occorre un metodo per immobilizzare i vari pensieri che vi frullano per la mente. Il modo migliore consiste o nel concentrarsi sulla respirazione o nel recitare un "mantra", un unico suono senza significato su cui focalizzarsi. I maestri di meditazione trascendentale danno ai loro studenti una particolare parola in sanscrito su cui concentrarsi per schiarirsi la mente. Il dottor Herbert Benson, autore di *The Relaxation Response*, afferma che la parola "Uno" è ugualmente efficace.

Dal canto mio, trovo che concentrarmi per rallentare al massimo il mio respiro ottiene lo stesso risultato. Uno dei metodi consiste nell'inspirare lentamente, contando fino a otto, trattenere il respiro contando ancora fino a otto, e poi espirare contando sempre fino a otto. Non deve esserci alcuno sforzo nell'esecuzione; se sentite che contare fino a otto per voi è troppo, provate a contare di meno. Continuate a respirare in questo modo finché non sentite il corpo farsi immobile, e la mente altrettanto. Una volta che sarete immobili, vi sentirete pervadere da un senso di pace, armonia e interezza. A volte, questo può essere accompagnato da intuizioni e messaggi da parte del subconscio, o magari vi appariranno più tardi.

Il modo più efficace per raggiungere la padronanza di sé è la meditazione. La forza interiore che acquisterete vi aiuterà a superare qualsiasi problema della vita, e troverete i momenti di tranquilla meditazione fonte non solo d'ispirazione ma anche di benefici fisici ed emotivi. I ricercatori hanno dimostrato che la meditazione può ridurre l'ipertensione, eliminare le emicranie, e alleviare una vasta gamma d'altri disturbi clinici.

Con la meditazione vi avvicinate costantemente all'allineamento dell'io con la Saggezza Infinita e il Potere Creativo Interiore. Con la meditazione potete raggiungere un maggiore senso della natura spirituale e cosmica della vostra vita, rivolgendo la vostra coscienza all'Io Superiore. È indispensabile per l'evoluzione della vostra coscienza e, in effetti, è l'unico modo per scoprire lo spirito Interiore e risvegliare l'eterno che è in voi. Una volta in contatto con l'Io Superiore, tutto vi sarà possibile. La via all'amore, alla sicurezza e alla pace interiore si raggiunge integrando tutti gli aspetti del vostro essere: lo spirituale, il mentale, l'emotivo e il fisico. Il continuo sforzo per contattare lo spirito, e quindi il risveglio del vostro Io Superiore, vi guiderà e v'ispirerà per raggiungere i vostri obiettivi. È un modo meraviglioso e nobile di vivere, e vi porterà alla piena realizzazione.

Mi chiedete da dove prendo le mie idee, ma non so rispondere con certezza.
Mi vengono senza essere chiamate, direttamente o indirettamente
– potrei afferrarle con le mani – fuori, all'aperto; nei boschi, mentre passeggio;
nel silenzio della notte;
al mattino presto, sollecitate dagli stati d'animo,
che il poeta traduce in parole,
e io in toni che risuonano,
ruggiscono e turbinano intorno a me finché non li metto in musica.

LUDWIG VAN BEETHOVEN

9. GUARIRE SE STESSI CON LA VISUALIZZAZIONE

I pensieri e le immagini mentali sono in grado di produrre
cambiamenti fisiologici nel corpo.
Voi potete controllare i vostri pensieri; quindi potete imparare
a guarirvi da soli proprio come avete imparato a camminare.
Il segreto è immaginare il corpo che si normalizza.

DOTTOR IRVING OYLE, *The Healing Mind*

Il corpo umano, al contrario di una macchina, possiede la capacità di guarirsi da solo, e la fonte di questo potere di guarigione è sotto il controllo della mente, che può provocare malattie o generare salute. Per la maggior parte le malattie sono psicosomatiche, il che vuol dire che la loro origine è nella mente, e il risultato nel corpo. Se possiamo essere psicosomaticamente malati, perché non possiamo essere psicosomaticamente *sani*?

Se, per via dello stress o di pensieri negativi, avete creato nel vostro corpo una situazione "mal-sana", potete creare anche le condizioni che permettano il processo di guarigione. Molte malattie sono causate da errati schemi mentali, che diffondono la loro energia negativa in tutto il corpo. Se riuscite a cambiare questi pensieri malsani, sarete in grado di ricostruire il corpo ricostruendo gli schemi mentali. La cosa straordinaria è che avete già dentro di voi il potere di guarigione, molto più potente di qualunque terapia esterna! I farmaci più avanzati attualmente in commercio possono soltanto avvicinarsi alle capacità del corpo, che è una farmacia completa di per sé, senza gli svantaggi della tossicità.

Il dottor Franz Inglefinger, ex editore del prestigioso *New England Journal of Medicine*, ha affermato che l'85 per cento delle persone, che si rivolgono al medico per sintomi di varia natura, soffre in realtà di disturbi "autolimitanti". Questo significa che, più di quattro volte su cinque, ciò che vi affligge è alla portata dei meccanismi di guarigione del vostro corpo. Contrariamente a quanto si crede, i medici non guariscono niente; è sempre il nostro meccanismo interno che opera la guarigione. Il medico si limita a sopprimere i sintomi dandovi farmaci che possano alleviarli, affinché non vi rendiate conto del disagio, finché il corpo non trova il modo di guarirsi da solo. Ma, ovviamente, ogni farmaco è tossico e ha degli effetti collaterali;

alcune sostanze, poi, sono realmente nocive. Con l'eccezione delle infezioni batteriche, tipo le malattie trasmesse per via sessuale, è sempre meglio affidarsi ai mezzi naturali per guarire, invece di sopprimere i sintomi con dei farmaci.

Una malattia non è soltanto un problema fisico, isolato nel corpo, ma un problema che riguarda tutta la persona. Le nostre emozioni svolgono un ruolo importante non solo nella suscettibilità alle malattie, ma anche nel recupero. La malattia è spesso sintomo di problemi nella vita. La mente e il corpo sono un sistema inseparabile; qualunque cosa affligge la mente, influisce sul corpo. È vero anche il contrario. Qualunque cosa pensiamo, non importa quanto innocua, produce un immediato effetto fisiologico; tutto ciò che una persona pensa, sente e crede, viene sperimentato direttamente dal corpo. Se riusciamo ad avere sempre pensieri sani, gioiosi e felici, irradieremo queste sensazioni nel corpo e produrremo l'effetto corrispondente. Se capiamo il ruolo che abbiamo nel creare le nostre stesse malattie attraverso i pensieri e le emozioni, riusciremo a capire anche come creare la nostra salute, e che il nostro atteggiamento mentale può favorire od ostacolare il processo di autoguarigione del corpo.

Il dottor Lawrence LeShan, fisiologo clinico e autore di numerosi libri sul ruolo della mente nella malattia e nella salute, tra cui *You Can Fight for Your Life*, scrive:

> La mente possiede un potenziale inutilizzato che va ben oltre l'uso quotidiano che ne facciamo. L'autoguarigione è il fattore principale nella cura di molte malattie. L'atteggiamento mentale di un paziente può aiutare od ostacolare i meccanismi di autoguarigione del corpo. Attraverso varie forme di meditazione, possiamo attingere al potere della mente o psiche per accelerare il processo di guarigione.

Qualche anno fa incontrai Glenda in una classe di "Terapia del concetto". Era una donna di cinquantacinque anni con le mani talmente deformate dall'artrite che non riusciva a vestirsi o a pettinarsi da sola. Sei mesi dopo, era riuscita ad arrestare completamente l'artrite, non aveva più dolori, e le sue mani erano tornate mobili. Com'era possibile? Glenda aveva appreso i princìpi della guarigione mentale descritti in questo capitolo. Aveva cominciato a parlare alle proprie mani tutti i giorni e a ordinare ai depositi di calcio presenti nelle articolazioni delle dita di scomporsi e di lasciarsi eliminare dal corpo in modo naturale. Glenda aveva capito che c'è *coscienza* in ogni molecola di materia, anche nella crescita abnorme delle sue mani. E, cosa ancor più importante, che questa coscienza si può contattare e dirigere quando ne capiamo le leggi, e farà tutto quel che vogliamo se stabiliamo un contatto corretto. Allo stesso tempo, Glenda aveva cominciato una psicoterapia per liberare il rancore profondo che nutriva da quarant'anni verso l'ex marito, che era stato sorpreso con un'altra donna il giorno dopo il loro matrimonio. La sua artrite era cominciata poco dopo, e le sue dita si erano rattrappite in una posizione simile alle mani di chi vuole strangolare qualcuno.

La nuova sintesi

Nell'ultimo decennio abbiamo assistito a una sorta di rivoluzione nel campo della medicina, con l'accettazione, pur esitante, di metodi alternativi di cura, tra cui agopuntura, ipnosi, naturopatia, training autogeno, omeopatia, chiropratica, e terapie nutrizionali che riconoscono il contributo che vitamine e sali minerali possono dare nel mantenimento della salute. Il controllo della mente, come l'impiego della visualizzazione, delle affermazioni positive e delle tecniche di meditazione e rilassamento, vengono insegnate per favorire il generale benessere.

C'è stata quindi una sintesi fra tecniche antiche e moderne, come la medicina tradizionale e la metafisica, il buddismo zen e la fisica quantistica. L'arcaico dualismo mente/corpo di Cartesio è stato sostituito dalla consapevolezza che mente e corpo sono uniti, e quel che influisce su una parte influisce sul tutto. Quando il corpo e la mente funzionano insieme, in armonia, c'è la salute. La malattia si verifica quando lo stress e il conflitto intervengono a spezzare questa armonia. Ecco quindi che ciascun individuo è libero di partecipare attivamente nella creazione e nel mantenimento della propria salute.

Guarire con la visualizzazione

Il dottor Carl Simonton e lo staff della sua clinica in California, hanno ottenuto un notevole successo nell'uso della visualizzazione per la cura di malati terminali di cancro, e hanno descritto la loro tecnica nello splendido libro *Getting Well Again*. Il dottor Simonton è il direttore del Centro Oncologico Simonton a Pacific Palisades, California. Quando era a capo della sezione di oncologia delle radiazioni presso la Travis Air Force Base in California, usò la tecnica con un pilota il cui cancro alla gola allo stadio avanzato lo avrebbe sicuramente condotto alla morte. Il cancro aveva raggiunto le dimensioni di un'arancia, e gli occludeva sia la laringe sia la faringe, e si stava espandendo rapidamente.

Simonton insegnò al paziente una procedura di profondo rilassamento muscolare, grazie al quale poteva entrare in uno stato alfa, stato in cui le onde cerebrali sono rallentate rispetto all'attività normale, in modo da poter essere più vicino al proprio subconscio. Gli disse quindi di visualizzare in qualche modo il suo cancro, e di immaginare che le cellule maligne venissero distrutte. Il paziente cominciò a immaginare i globuli bianchi (parte del sistema immunitario del corpo) come soldati a cavallo che attaccavano e distruggevano le cellule cancerose. Ripeté la medesima visualizzazione per quindici minuti, tre volte al giorno, e nel giro di sette settimane il tumore si ridusse, e alla fine scomparve. In seguito, la biopsia effettuata sul paziente rivelò soltanto tessuto normale.

La tecnica di Simonton per aiutare i malati di cancro a guarire si può usare, con lievi modifiche, per curare qualunque malattia. Ecco i passi principali:

1. Assumete una posizione comoda e rilassatevi profondamente.
2. Per circa due minuti, immaginate una scena piacevole come una passeggiata nel bosco o sulla spiaggia d'estate, o una gita in barca a vela.
3. Visualizzate la vostra malattia (non occorre essere precisi: la maggior parte di noi è sufficientemente in contatto con il proprio corpo da produrre almeno una vaga idea di cosa succede al suo interno).
4. Immaginate il vostro sistema immunitario in qualche modo: i globuli bianchi che intervengono per portar via le cellule morte e distrutte, e le eliminano attraverso l'urina e le feci. Immaginate i globuli bianchi forti e aggressivi, che attaccano le cellule cancerose e le distruggono. Immaginate il cancro che si riduce, il fegato e i reni che lo eliminano con l'urina e le feci. Immaginate di cominciare a sentirvi meglio, di entrare più in sintonia con la vita, di avere più energia, più appetito, rapporti più appaganti. Ripete più volte durante il giorno:

   Il mio corpo ha la capacità di guarirsi, e lo sta facendo adesso!

5. Ripetete questa procedura tre volte al giorno per quindici minuti a seduta. Se lo fate con fiducia e convinzione, alla fine di un periodo di circa 21 giorni assisterete a un notevole cambiamento!

La guarigione mentale, ovviamente, non preclude un'assistenza medica, ma dev'essere considerata come un'aggiunta a qualunque metodo tradizionale stiate usando.

Un bel pomeriggio di primavera di qualche anno fa, ricevetti una telefonata da parte di una paziente, sconvolta perché si era accidentalmente amputata mezzo dito indice mentre cercava di aggiustare la catena della sua cyclette. Era andata di corsa all'ospedale, portando la porzione amputata in una soluzione salina. All'inizio, il medico si rifiutò di ricucire il pezzo tagliato al resto del dito, affermando che non c'erano speranze. Poi, notando quanto era sconvolta, le disse che avrebbe reinnestato la porzione amputata solo per "estetica", perché le probabilità di salvare la funzionalità del dito erano meno di una a cento. Dot non riusciva a sopportare l'idea di perdere l'indice, anche perché era una programmatrice di computer e passava tutto il giorno alla tastiera.

Di tutte le persone che ho avuto in cura, Dot era senza dubbio una delle più scettiche. Una donna molto intelligente, versatile, che contava esclusivamente sul proprio intelletto per affrontare la vita, e a quell'epoca non sapeva niente di metafisica o di tecniche di autoguarigione. Pur tuttavia, la incoraggiai a credere che avrebbe potuto guarirsi il dito usando il grande potere del suo subconscio. Le insegnai la tecnica della visualizzazione, e lei cominciò a ripetere a voce alta le seguenti affermazioni, quattro volte al giorno:

Ogni giorno il mio dito diventa sempre più integro.

L'innesto sta prendendo, e le parti si stanno saldando sempre più fermamente.

Il mio dito sta diventando sempre più sano e guarisce rapidamente.

L'unghia sta tornando, ne sta crescendo una nuova e sana.

Grazie spirito, che sei in ogni cellula del mio corpo, perché stai realizzando questa guarigione.

Inoltre, due volte al giorno, per quindici minuti ogni volta, Dot si rilassava completamente in una poltrona comoda, si metteva in uno stato di autoipnosi, e visualizzava il proprio dito completamente guarito e perfettamente normale in ogni sua parte. Aumentò anche l'assunzione giornaliera di vitamine, soprattutto di vitamina C, per aiutare il sistema immunitario mentre si svolgeva il processo di guarigione. Dot fu anche attenta ad alimentarsi con cibi sani e nutrienti in quel periodo, e si attenne scrupolosamente alle indicazioni del proprio medico per tenere pulita la ferita cambiando spesso fasciatura. In aggiunta ai suggerimenti del medico e ai propri concetti di guarigione, si mise ad ascoltare due volte al giorno un nastro per l'autoguarigione che avevo inciso apposta per lei.

Dieci giorni dopo l'intervento di sutura, Dot incontrò in ospedale un altro medico che insistette perché la porzione amputata, che si era annerita, era necrotica (morta) e doveva essere rimossa. Le disse che non le avrebbe permesso di lasciare l'ospedale finché non si fosse fatta operare, data l'alta probabilità che si sviluppasse una cancrena in tutto il braccio. Quando Dot implorò "solo un altro po' di tempo", vennero consultati altri due medici. Uno di loro disse che poteva aspettare ancora.

Sei giorni dopo le dissero che la porzione amputata era definitivamente morta, ma, dietro sue insistenze, il dottore le permise di nuovo di tenere ancora l'innesto. Ventisei giorni dopo l'incidente, il dottore dovette riconoscere che il dito stava guarendo e disse: "Non so cosa stia facendo, ma continui a farlo!". Al termine di altri due mesi, il suo dito era completamente guarito e appariva del tutto normale.

Guarire con il pensiero

Di recente, alcune istituzioni mediche hanno permesso a studenti di scuole per medici e infermieri di sperimentare la guarigione mentale come parte della loro istruzione professionale. "Le porte si stanno aprendo perché ci sono prove concrete che dimostrano l'efficacia delle terapie non convenzionali, e non si possono discutere i fatti", afferma la psicologa Evelyn Monahan, che tiene un corso di "Potere e uso della mente" presso la Scuola per Infermieri della Emory University di Atlanta, Georgia. Nel suo corso, la dottoressa Monahan insegna ai suoi allievi ad usare la telepatia per raggiungere i pazienti in stato comatoso, e la chiaroveggenza per cogliere indizi subliminali nell'analizzare le anamnesi, oltre alla sua specialità, la guarigione psichica. "Si può usare la mente per influenzare le cose esterne, tra cui la struttura molecolare del corpo", sostiene la dottoressa Monahan. Una delle tecniche più efficaci è la visualizzazione. "Io insegno agli infermieri a vedere realmente gli organi ammalati o le infezioni del corpo che si guariscono da soli", spiega. "Se uno vuole combattere un'infezione, può visualizzare i globuli bianchi che accorrono sul luogo dell'infezione e distruggono gli invasori".

Il dottor Irving Oyle, autore di *The Healing Mind*, è stato uno dei pionieri dell'uso della visualizzazione, della meditazione e delle affermazioni per l'autoguarigione. Egli afferma:

Cambiando la coscienza, l'immagine mentale di ciò che sta accadendo nel vostro corpo, potete cambiare il corpo fisico, secondo questo nuovo modello medico emergente. Pensandosi malate, le persone si ammalano. Sappiamo, per esempio, che esiste un tipo di personalità da ulcera, che è incline a pensarsi affetta da ulcera. Esiste un certo tipo di personalità che tende ad avere l'infarto. Se potete pensarvi in questi stati, perché non potete pensarvi al di fuori? Se riuscite a cambiare gli schemi mentali o le immagini per recuperare la salute, diventerete i guaritori di voi stessi.

La legge della vibrazione

Guarire se stessi o un'altra persona ricade in una delle leggi naturali dell'universo: la legge della vibrazione. Una vibrazione si può trasmettere da una persona a un'altra mediante le onde elettriche risonanti delle cellule cerebrali di colui che invia alle cellule cerebrali di colui che riceve. Questo è stato ampiamente dimostrato dal fenomeno della telepatia.

La malattia è solo una vibrazione, e così la salute; la prima è a bassa frequenza, mentre la salute è ad alta frequenza. Le malattie non sono altro che un disturbo di frequenza, e per operare una guarigione non dobbiamo far altro che *cambiare la frequenza*. La coscienza individuale dei vari organi del corpo possiede una propria frequenza, dato che tutta la coscienza ha una propria "frequenza di grado". Lo spirito, presente in ogni cellula del corpo del paziente, può essere consciamente contattato e diretto mediante l'uso adeguato della legge della vibrazione.

Quando a un ammalato viene somministrato un farmaco, che poi in effetti lo aiuta a guarire, è successo solo che quella particolare sostanza chimica, che vibra a una certa frequenza, ha interagito con la frequenza del paziente per riportarlo a uno stato di normalità. Ogni farmaco ha una sua frequenza, che può stimolare le vibrazioni degli organi del paziente. La digitale, per esempio, viene usata per stimolare la vibrazione del cuore, e cambiare così la sua frequenza. Allo stesso modo, la forza del pensiero concentrato può aumentare, stimolare e ristabilire la frequenza globale del paziente, per produrre una condizione di funzionamento perfettamente normale. È lo stesso principio usato in modo mentale, senza effetti collaterali.

Se cambiate la vibrazione di qualcosa, cambiate anche la sua forma, la sua condizione. Per cambiare una vibrazione, occorre applicare dell'energia, e, nella guarigione mentale, l'energia è in forma di pensiero. Per esempio, in ambito fisico, si può cambiare il ghiaccio in acqua applicando energia in forma di calore, e in effetti cambiamo la sua forma accelerando la sua vibrazione. Poi possiamo prendere quella stessa acqua, applicare altra energia, che significa accelerare ulteriormente la sua vibrazione, e trasformarla in vapore. Ecco quindi che, cambiando la vibrazione, cambiamo la forma. Possiamo usare lo stesso principio per trasformare la malattia in salute. Se applicate l'energia sotto forma di vibrazioni del vostro pensiero concentrato, cambierete la forma o la condizione da malattia a salute.

Una donna, che seguiva uno dei miei seminari alla University of Santa Clara in California, era in lista di attesa per un intervento di asportazione di un tumore all'utero. Quando Sandy me ne parlò, le suggerii che forse valeva la pena di usare prima la visualizzazione per vedere se si poteva evitare l'intervento. Con il permesso di Sandy, organizzai un gruppo terapeutico di cinque persone e, in luoghi diversi, ma all'ora stabilita, le 9 di sera, ciascuno di noi trascorse dieci minuti a inviarle energia guaritrice, concentrandoci sull'immagine di una Sandy sana e felice. Passati dodici giorni, venne riesaminata dal suo medico, che le disse che non riusciva a trovare traccia del tumore. L'operazione venne rinviata a data da destinarsi.

Un altro allievo mi disse che doveva farsi un'operazione alla prostata e che era molto preoccupato. Quella sera partecipai a un incontro di un gruppo di studio con venti persone presenti, e chiesi a tutti di unirsi a me nella visualizzazione per la salute di Richard. Data la natura personale del problema, non lo descrissi al gruppo, ma evocai un'immagine in cui lo visualizzavamo sorridente, sano e attivo. Qualche giorno dopo, Richard si sentì così bene da tornare dal medico per un controllo, e il medico decise che si poteva posticipare l'operazione. Fino a oggi, non è ancora stata eseguita.

Guarigione con la mente assente

Per cambiare la vibrazione di una persona a livello conscio, dobbiamo prima stabilire una condizione di risonanza o un rapporto con quella persona, affinché le nostre suggestioni attecchiscano nel suo subconscio. Quando due menti sono in armonia, è possibile la telepatia, o trasmissione del pensiero. Non tentate di dare una suggestione di guarigione a qualcuno che non vi crede, perché la suggestione non riuscirà a penetrare nel suo subconscio. In tal caso, inviategli pensieri di guarigione mentre siete lontani da quella persona, perché così eviteranno la sua mente conscia.

La guarigione con la mente assente, eseguita sia da soli che in gruppo, può essere molto efficace. Ecco una tecnica che potete usare quando è necessario (vedere "Un'immagine di guarigione", pagina 140). Ovviamente, se un individuo si è ammalato perché indulge ripetutamente in emozioni negative, come rabbia, depressione o paura, allora la guarigione mentale sarà efficace solo per un periodo di tempo limitato, per la semplice ragione che la persona si riammalerà a causa delle sue emozioni disturbate. La stessa cosa vale, ovviamente, per i tradizionali metodi di cura; la guarigione è solo temporanea se l'individuo non cambia il proprio stile di vita e i propri pensieri. La malattia si ripresenterà, o subentreranno altri sintomi. La guarigione riguarda tutta la psiche, e non solo il corpo fisico.

In condizioni di semi-incoscienza, o di incoscienza, le suggestioni dovrebbero essere date a voce alta perché verranno accolte direttamente dal subconscio. Quando una persona è in coma, sotto anestesia, in uno stato di shock dopo un incidente, ha un attacco epilettico o dorme, il suo subconscio è spalancato. Qualunque cosa venga detta in sua presenza verrà accettata dallo spirito, che comincerà a eseguirla. In questi casi, contattate lo spirito direttamente, senza l'intervento della mente razionale conscia, ed è sempre lo spirito che opera la guarigione, indipendentemente dal metodo (pillole, iniezioni, manipolazioni chiropratiche, trazioni o altro). Ricordate sempre che *voi* non avete il potere di guarire, ma potete essere uno strumento dello spirito che eserciterà un cambiamento nel corpo della persona colpita. Tutto quel che dovete fare è aiutare la persona a fornire concetti positivi e costruttivi allo spirito, e lasciare che sia lei a fare il lavoro. Ricordate, il Potere che ha fatto il corpo può guarire il corpo!

Un'ulteriore tecnica di guarigione mentale, usata per secoli da guaritori fisici e spirituali, consiste nel visualizzare una fulgida luce bianca che scende sulla testa, le spalle e il corpo della persona malata. Immaginate questa luce di guarigione pura e brillante che penetra ogni poro e ogni cellula del corpo, purificandolo, e riportando il corpo a un livello di funzionamento perfettamente normale. Questa è una tecnica efficace per tutti i tipi di guarigione mentale, e i metafisici sostengono che si crea una "forma di pensiero" intorno al paziente sul piano astrale.

La cosa fondamentale è che dobbiamo renderci conto che i pensieri e le immagini mentali possono operare *cambiamenti fisiologici nel nostro corpo*. Possiamo imparare a controllare i nostri pensieri e a indirizzare energia positiva verso noi stessi e gli altri, e diventare così parte attiva nel creare e mantenere la nostra salute. Ricordate, il pensiero è creativo, e i vostri stessi processi mentali possono procurarvi salute, energia e resistenza.

Il dottor Fleet afferma:

> L'uomo deve assumersi la responsabilità dello stato del suo corpo, perché noi siamo il prodotto delle creazioni del nostro pensiero. In qualunque condizione si trovi il nostro corpo, e qualunque sia lo stato della nostra mente, si tratta di

una replica di ciò che abbiamo scelto sul piano del pensiero, che si manifesta nella nostra vita. Ogni malattia nel vostro o nel mio corpo è il risultato diretto di qualche immagine nella nostra vita mentale.
Quando una persona lo sa e lo capisce, comincerà naturalmente a immaginare nel modo corretto. Invece di violare questa Legge della Creazione e di preoccuparsi delle cose che non vuole, la gente comincerà a visualizzare, a immaginare, a figurare e a progettare quel che vuole, e noi avremo un mondo nuovo, e i nostri corpi ammalati verranno sostituiti da corpi sani.

Un'immagine di guarigione

1. Stabilite con la persona malata e con coloro che hanno acconsentito a partecipare, l'ora in cui visualizzerete l'immagine (le otto di sera sono il momento migliore).

2. Qualche momento prima dell'ora stabilita, entrate in una stanza dove potete stare da soli per dieci minuti, spegnete le luci, sedetevi comodi, rilassatevi, e cominciate a *visualizzare* la persona malata seduta o sdraiata nel letto, in uno stato mentale passivo e ricettivo. Il suo Potere Creativo Interiore sarà il più aperto possibile a ricevere l'immagine di guarigione.

3. Mentre immaginate la persona, dite ad alta voce:

Lo spirito interiore ti sta guarendo adesso.

Ogni giorno, in ogni modo,

stai diventando sempre più sano.

4. Ripetete queste frasi più volte, con un tono di voce cantilenante. Non usate la vostra volontà, ma la vostra immaginazione, mentre ripetete le affermazioni, e *visualizzate* fortemente la persona che appare e si comporta come perfettamente sana da ogni punto di vista.

5. Sentite che il subconscio della persona sta ricevendo il vostro messaggio e concentratevi il più possibile sull'invio di pensieri positivi. Immaginate la persona circondata da una luce bianca che scende e le pervade tutto il corpo, penetrando in ogni cellula, organo, nervo e muscolo, portando tutta la vibrazione del suo corpo a uno stato di *funzionamento perfettamente normale*, qualunque cosa

voglia dire normale per quel particolare individuo. *Vedete* la luce che penetra a fondo nel suo corpo, e la persona che sorride, sana e felice.

6. Passati i dieci minuti, rivolgete l'immagine allo spirito perché la realizzi nel corpo della persona. Poi, interrompete la concentrazione e lasciate la stanza.

Non cercate di raggiungere il subconscio se non ci mettete tutto il cuore. Focalizzate la vostra concentrazione sull'idea di "salute perfetta", e non cercate di pensare ad altro mentre siete nella stanza. Lo spirito riceverà il messaggio e agirà di conseguenza, e la persona malata vi sarà grata per sempre per aver usato le vostre preziose energie. La Legge di Causa ed Effetto opererà allora nella *vostra* vita ricolmandovi di salute.

10. COME RESTARE IN BUONA SALUTE PER TUTTA LA VITA

Tutto dipende dalla propria opinione.
Noi soffriamo secondo la nostra opinione.
Uno è infelice o felice nella misura in cui ritiene di esserlo.

SENECA

Sebbene questo libro parli di metodi cognitivi per migliorare la vita, non dobbiamo sottovalutare l'importanza del mantenere in salute il nostro corpo. La salute fisica è una delle cose più importanti al mondo, perché senza di essa ci sentiamo miseri e limitati.

La buona notizia è che esistono davvero metodi per assicurarci la buona salute per tutta la vita, e non finire come invalidi malati e rattrappiti in una casa di riposo, spinti su una sedia a rotelle. È una falsa credenza, ormai sempre più sfatata, che la vecchiaia significa incapacità, senilità e malattie degenerative di varia natura. Siamo fortunati a vivere in un'epoca in cui la scienza e la medicina alternativa scoprono sempre nuovi metodi di prevenzione e autoguarigione, che non solo possono prolungarci la vita, ma ci consentono di vivere gli anni d'oro liberi dai cosiddetti "acciacchi della vecchiaia". Probabilmente non vi rendete nemmeno conto di quanto potete fare per rallentare, o persino invertire, i cambiamenti che di solito accompagnano l'invecchiamento. È ovvio che ci vorrà del lavoro da parte vostra per realizzare questo "lieto fine", ma non importa se siete giovani o vecchi, *questo* è il momento per cominciare.

In base alle nostre attuali conoscenze sulla salute, sono necessari sette ingredienti per restare sani per tutta la vita:

1. Riduzione dello stress: pensare in modo corretto ed esprimere i sentimenti.
2. Attività fisica regolare.
3. Alimentazione corretta.
4. Giusto riposo e rilassamento.
5. Nessun uso di sostanze nocive (droghe/alcool/fumo).
6. Contatti sociali: amore/famiglia/amici/animali da compagnia.
7. Prendere meno farmaci possibili, sia prescrivibili che da banco.

Il collegamento mente/corpo

Il nuovo modello medico riconosce la mente come uno dei fattori che creano la malattia, tranne forse per quelle rare patologie causate da agenti esterni, come i veleni. Il dottor Kenneth Pelletier, autore di *Mind as Healer, Mind as Slayer*, crede che tutte le malattie siano in qualche modo psicosomatiche; non nel senso che sono immaginarie, ma nel senso che coinvolgono fattori mentali quanto fisici.

Il dottor Andrew Weil, autore di *Eight Weeks to Optimal Health*, afferma che: "Gli agenti delle malattie non sono le cause delle malattie. Le cause nascoste delle malattie sono *interne*... Tutte le malattie sono psicosomatiche. La mente e il corpo sono interdipendenti e insieme possono causare o prevenire le malattie". In poche parole, la conclusione è: la nostra salute è controllata dal nostro cervello. L'intimo collegamento tra lo stato mentale e lo stato fisico è stato finalmente riconosciuto. Nei circoli scientifici si sono addirittura inventati un nuovo nome per lo studio in questo campo: *Psiconeuroimmunologia*. C'è una rivista specializzata con lo stesso nome, ma il concetto si basa su una vecchia idea. È da secoli che si sa che lo stato psicologico di una persona può influire sulla sua salute, ma finalmente la scienza sta scoprendo come questo avviene. Si ricorre quindi a nuovi metodi per curare le malattie, specie i metodi usati dalla medicina solistica: la cura di tutta la persona, non soltanto del corpo.

Le emozioni come fattore di malattia

Coadiuvati da nuove tecniche biochimiche e da una più vasta comprensione della neurochimica e dell'immunologia, nuovi studi dimostrano che le nostre emozioni influiscono sul nostro sistema nervoso, sul sistema ghiandolare (livelli ormonali, produzione di adrenalina, ecc.) e sul sistema immunitario, che a loro volta influiscono sulla nostra suscettibilità alle malattie. Gli studi hanno dimostrato che le reazioni emotive possono sopprimere o stimolare i globuli bianchi, responsabili della difesa contro le malattie, e innescare la produzione di ormoni delle ghiandole surrenali e delle endorfine, sostanze chimiche simili alla morfina, prodotte dai neurotrasmettitori del cervello, che a loro volta influenzano decine di altri processi dell'organismo. È una realtà sempre più accettata il fatto che le emozioni sono *componenti necessarie* della causa, come anche della cura, della maggior parte delle malattie. I nuovi studi evidenziano che virtualmente ogni problema fisico – dal raffreddore comune al cancro o alle malattie coronariche – può essere influenzato, positivamente o negativamente, dallo stato mentale dell'individuo. I ricercatori hanno ipotizzato che l'indulgenza cronica a emozioni negative crea una minore resistenza alle malattie, interferendo con la capacità di reazione del sistema immunitario.

Oggigiorno, si parla molto del legame tra malattia e stress. Ma cos'è esattamente lo stress? In linea generale, lo stress è un insieme di emozioni negative, come preoccupazione, ansia, depressione, sentimenti di ostilità, colpa, rabbia, e così via. Un pendolare imbottigliato nel traffico per ore può generare un forte senso di rabbia e frustrazione, che gli si propaga per tutto il corpo. Se una macchina vi taglia la strada all'improvviso, prima vi spaventate e poi v'imbestialite. Se vi negano il prestito che avete chiesto per la casa dei vostri sogni a causa di un errore sul vostro conto, proverete tutta una serie di emozioni, ovviamente negative. Se vi angosciate per chi si occuperà dei vostri genitori che invecchiano, curverete sempre di più le spalle. La paura genera stress, e l'ansia fa irrigidire i muscoli e contrarre i vasi sanguigni. Quando il sangue non circola bene nel corpo per fornire ossigeno, nutrienti e anticorpi, e per trasportare via ed eliminare i prodotti di scarto, si instaura la malattia.

I fattori della personalità collegati a determinate malattie

Le malattie non sono casuali; non piovono dal nulla per colpire una persona senza alcun preavviso. Le attuali ricerche dimostrano che, se siete inclini a prendervi una determinata malattia, questa dipende da qualcosa specificatamente collegata alla vostra personalità, una teoria chiamata "specificità psicosomatica".

Questo è dovuto al fatto che differenti emozioni agiscono su differenti parti del corpo e producono differenti reazioni chimiche, che a loro volta inducono specifici tipi di malattie. Ogni pensiero genera un effetto fisiologico. Gli effetti prodotti sono sostanze chimiche come l'adrenalina e l'ACTH (*adrenocorticotropina*). Quando i vostri pensieri producono sostanze chimiche come queste al momento sbagliato, o in quantità eccessive, il risultato è un indebolimento del sistema immunitario.

Personalità coronarica

Molto è stato scritto, per esempio, sul tipo di persona più incline alle malattie coronariche, la personalità di Tipo A, energica, impaziente, ostile, esigente con sé e con gli altri, competitiva, e spesso coinvolta in più progetti. "Il cinismo, meglio di qualsiasi altro termine, esprime l'elemento nocivo nella personalità di Tipo A", afferma Redford Williams del Duke University Medical Center. "Se riuscissero ad assumere un atteggiamento più fiducioso, i malati di cuore potrebbero ricevere un notevole aiuto". Williams e i suoi colleghi hanno condotto una serie d'esperimenti per determinare questo collegamento.

Secondo i test psicologici, i punti di "ostilità" degli individui di Tipo A erano molto più alti rispetto a quelli di Tipo B. Quelli con il punteggio più alto avevano il 50 per cento di probabilità in più di subire un blocco delle coronarie, rispetto a quelli che avevano un punteggio più basso. Dopo aver analizzato le risposte di 1500 persone a cinquanta domande, Williams scoprì un preciso tema in comune: il cinismo, una sprezzante sfiducia nella natura e nelle motivazioni umane[4].

Quando siamo spesso ostili, l'eccessiva secrezione di norepinefrina, una sostanza chimica del cervello, contribuisce al rischio d'ipertensione, arteriosclerosi e infarto.

Personalità cancerosa

Nel suo libro *You Can Fight for Your Life*, il dottor Lawrence LeShan ha identificato quattro componenti tipiche nella vita di oltre 500 malati di cancro con cui ha lavorato. Una componente era che la giovinezza del paziente era stata marcata da un senso d'isolamento, abbandono e disperazione, e dalla paura di allacciare relazioni interpersonali perché ritenute difficili e pericolose.

La seconda era che alle soglie dell'età adulta, il paziente era stato in grado di stabilire una relazione forte e significativa con un'altra persona, o di trarre grandi soddisfazioni dalla propria vocazione. Aveva riversato enormi quantità di energia in quella relazione o nel proprio ruolo, che erano diventati la sua ragione di vita, il centro della sua esistenza. La relazione o il ruolo a un certo punto erano finiti – per una morte, un divorzio, un trasferimento, un figlio che se ne andava da casa, un licenziamento, o cose del genere – e il paziente non era stato capace di trovare un rimpiazzo. Il risultato era stata la disperazione, come se la "ferita" subita nell'infanzia si fosse dolorosamente riaperta.

[4] William Jr. R.B. et al., "Comportamento di Tipo A, ostilità e arteriosclerosi coronaria", in *Psychosomatic Medicine*, 42 (6), 1980, pp. 539-549.

Una delle caratteristiche fondamentali di questi pazienti era che soffocavano la disperazione. Erano incapaci di comunicare agli altri quando si sentivano feriti, arrabbiati o tristi. Gli altri consideravano spesso questi pazienti come persone meravigliose, dicendo cose come: "È un uomo dolcissimo" oppure "Lei è una santa". LeShan conclude: "La qualità benevola, la 'bontà' di queste persone era, in effetti, un segno della loro incapacità di credere in se stesse, e della loro mancanza di speranza".

Una mia cliente, che purtroppo è morta di cancro al colon, rappresenta perfettamente questo tipo di personalità. Loretta aveva quattro figli e non aveva mai lavorato fuori casa. Ossia, non aveva mai svolto un lavoro per cui venisse pagata, ma quando i figli crebbero, si dedicò al volontariato e trascorreva molto tempo ad aiutare gli altri. Finché non venne per una terapia, non aveva mai ammesso con se stessa di non sentirsi apprezzata, e a volte di sentirsi persino sfruttata, dato che permetteva costantemente agli altri di approfittarsi di lei. Questa signora cinquantottenne non credeva di meritare una vita propria e la sua scarsa autostima contribuì alla sua morte.

Badate bene che non tutte le caratteristiche che descrive LeShan valgono per ogni malato di cancro. Un altro elemento della sua descrizione, ossia che i malati di cancro tendono a sentimenti di disperazione e di smarrimento prima dell'insorgere della malattia, è stato confermato da altri studi. Ci sono prove evidenti che dimostrano che il sistema immunitario è debole nelle persone che si sentono incapaci di affrontare le avversità, e il senso d'impotenza può essere un fattore chiave nella vulnerabilità al cancro. Quando ci sentiamo depressi e indifesi per lunghi periodi, le sostanze chimiche rilasciate dal nostro corpo sopprimono la capacità del sistema immunitario di individuare le cellule che portano al cancro.

Il dottor Carl Simonton e la sua compagna, Stephanie Matthews-Atchely, si sono specializzati nel trattare i malati di cancro con i metodi tradizionali, con l'aggiunta della visualizzazione guidata. Insieme a James Creighton, hanno scritto un libro straordinario, *Getting Well Again*, una guida passo per passo per superare il cancro, indirizzata sia ai malati che alle loro famiglie.

Nel libro, il dottor Simonton afferma che, quasi sempre, il cancro viene determinato dalla perdita di un oggetto molto amato, subita da dodici a diciotto mesi prima della diagnosi in persone che hanno già patito una perdita nei primi anni della loro vita. Di solito si tratta di una grave perdita – una morte, un divorzio o un licenziamento – seguita da un profondo senso di tristezza, ansia e disperazione. Quando si è verificata una perdita anche nella prima infanzia, quest'ultima perdita innesca gli stessi sentimenti negativi che accompagnarono la prima.

Ci sono prove sempre più evidenti che il dolore, la solitudine, il senso d'impotenza e gli atteggiamenti negativi, come la rabbia e la paura, possono considerevolmente deprimere la funzionalità del sistema immunitario. La produzione di anticorpi, la funzione del timo e l'attività dei linfociti T e B, vengono tutte indebolite dai pensieri negativi. Quando sentiamo che i problemi sfuggono al nostro controllo, aumenta l'ormone cortisolo, rendendoci più vulnerabili alle infezioni. Persino Louis Pasteur, che si guadagnò la fama verso la fine del XIX secolo per la sua scoperta dei germi, riconobbe che l'ospite (la persona) doveva trovarsi in un certo stato di debilitazione prima che i germi potessero attaccare l'organismo. Disse che il processo della malattia dipendeva dal precedente stato di salute del corpo.

Le persone con una forte propensione al dominio si trovano con le difese immunitarie depresse quando affrontano certe situazioni stressanti. La persona ipertesa, per esempio, può ritenere di dover essere costantemente pronta alla lotta, così il suo corpo si comporta come se dovesse sempre subire un attacco e mantiene alta la pressione sanguigna. Le persone ipertese sono spesso ciò che il termine indica letteralmente: eccessivamente tese e reattive. L'ipertensione colpisce di norma le persone che si sentono come se dovessero sempre essere pronte a combattere forze esterne, anche se riescono a mantenere sotto controllo la loro aggressività.

Quando ci sentiamo in pericolo (come quando ci si prospetta una discussione con il capo o con il partner), il nostro battito cardiaco accelera, aumentano i livelli di grasso, colesterolo e zucchero nel sangue, il nostro stomaco secerne più acidi, e le nostre difese immunitarie si abbassano. Tutti questi improvvisi cambiamenti sottopongono l'organismo a un forte stress. Con il tempo, questa pressione conduce a sintomi quali disturbi gastrointestinali, colesterolo alto, insonnia, emicranie e mal di schiena. E ci rende anche più vulnerabili alle infezioni.

Possiamo facilmente osservare il collegamento diretto tra le nostre emozioni e le funzioni del nostro organismo quando sperimentiamo forti sentimenti come la paura e la rabbia. Supponiamo, per esempio, che vi troviate in una situazione ostica, come dover pronunciare un discorso davanti a un folto gruppo di persone, o fare una presentazione al vostro capo e ai vostri colleghi. Il vostro cervello riceve il messaggio: "Mi sento minacciato in questa situazione". Questo messaggio arriva direttamente al sistema nervoso autonomo (ANS), il sistema involontario che governa il battito cardiaco, la respirazione, la digestione e le altre attività interne. L'ANS risponde automaticamente a questo messaggio del cervello producendo più adrenalina, accelerando il battito cardiaco, attivando le ghiandole sudoripare, riducendo la salivazione, contraendo i muscoli dello stomaco, e intensificando l'attività di tutti gli altri processi organici che accompagnano la paura, mandando temporaneamente in tilt tutto il sistema.

Invece della paura, supponiamo che vi sentiate in collera con il principale. Il vostro cervello invia questo messaggio all'ANS, e gli organi interni si predispongono immediatamente alla lotta. Il sangue affluisce ai polmoni, ai muscoli e al cervello per soddisfare l'accresciuta domanda d'energia necessaria all'azione. La pressione sanguigna si alza. Vengono richiamati i carboidrati immagazzinati nel fegato e nei muscoli per essere convertiti in carburante necessario all'azione. Le ghiandole surrenali, che sono le ghiandole del combattimento, immettono i loro ormoni stimolanti nel flusso sanguigno, e tutto il corpo si prepara alla lotta o alla fuga.

L'uomo primitivo avrebbe scelto di fare o l'una o l'altra cosa, ma l'uomo moderno spesso non fugge né combatte. Piuttosto fa un sorrisino di circostanza e cerca di non rivelare i propri veri sentimenti. Naturalmente, tutto questo processo sottopone il corpo a un terribile stress e interrompe la sua omeostasi, rendendolo più vulnerabile alle malattie. Se questa propensione alla collera è frequente, il costante innalzamento della pressione può condurre all'ipertensione, o magari anche a un ictus, e la tensione muscolare cronica può causare artrite o ipertiroidismo. L'alterazione del metabolismo dei carboidrati può alla fine provocare il diabete, e può manifestarsi tutta una serie di altre malattie.

Per riassumere, basta dire che quando una persona indulge in emozioni negative quali la paura, la rabbia, la depressione cronica, la gelosia, la preoccupazione o pensieri di vendetta, ogni sistema del suo organismo subisce un'alterazione. Se questo si ripete a lungo, alla fine l'organismo collassa. Questa è la causa principale delle malattie.

La premessa fondamentale del modello medico che ci hanno propinato per secoli è che i germi sono la causa delle malattie. Sebbene i germi contribuiscano senz'altro all'insorgere di una malattia, *non sono l'unica causa*. In realtà, *la malattia è multifattoriale* ed è il risultato di un certo numero di cose che la persona fa nel corso della vita. Ecco perché la malattia è sotto il controllo della persona, e non qualcosa che capita per caso. Sono le scelte che compiamo durante il viaggio su questa terra che fanno la differenza tra un corpo sano e uno malato. La malattia non è dovuta al semplice, sfortunato contatto con un agente maligno, come un germe o un virus che se ne sta in agguato da qualche parte pronto a saltarci addosso. Le istituzioni mediche tradizionali propagandano l'idea di germi maligni, o di un capriccio della sorte (non c'erano cause antecedenti e voi siete una vittima). Il medico, ovviamente, è il salvatore, in cui riponiamo la nostra fiducia perché ci guarisca con qualche farmaco o un intervento chirurgico. Fatta eccezione per le cause genetiche, il potere di restare sani risiede in ciascun individuo, e le nostre scelte quotidiane determinano il risultato. Il potere di guarigione non è nelle mani di pochi eletti, ma in quelle di tutti gli esseri umani. Quello che fanno i medici o i farmaci non è altro che contribuire al processo di guarigione di cui il nostro corpo è il principale artefice.

Personalità tubercolotica

Nel suo straordinario e ben documentato libro *Who Gets Sick: Thinking and Health*, il dottor Blair Justice afferma:

> Per quanto la presenza del bacillo della tubercolosi sia una condizione necessaria per l'insorgere della tubercolosi, devono essere presenti anche altri fattori perché la malattia si manifesti. Il controllo del batterio si è rivelato difficile, come dimostra il fatto che la maggior parte degli adulti oggi sono positivi alla tubercolina – sono infetti – anche se molti non mostrano segni clinici della malattia. Su 100 americani caucasici infettati con il bacillo della tubercolosi, 99 non sviluppano la classica malattia polmonare. Nel corso dei suoi studi pionieristici sullo stress, il dottor Hans Selye osservò che le reazioni a minacce psicologiche potevano attivare i bacilli della tubercolosi latenti in un individuo. Egli notò il ruolo fondamentale che il riposo svolgeva nella cura della malattia.

Herpes e stress

Molta gente è portatrice del virus dell'herpes simplex che si manifesta con vescicole labiali. Adesso è noto che lo stress psicologico può precipitare l'esplosione di questo virus di Tipo 1, normalmente latente. I ricercatori dell'University of Pennsylvania hanno scoperto che gli studenti spesso infelici avevano una maggiore incidenza di episodi di herpes labiale durante l'anno, specie gli studenti con un alto punteggio di "solitudine" e quelli che si sentivano depressi. Anche gli studenti che dovevano affrontare un esame mostravano una maggiore incidenza di herpes labiale[5].

La psichiatra Janie Kiecolt-Glaser dell'Ohio ha osservato che gli studenti di medicina super-stressati che si preparavano a importanti esami mostravano una funzione immunitaria ridotta rispetto a quanto rilevato

[5] Luborsky L. et al., "Virus dell'Herpes simplex e umore: uno studio longitudinale", in *Journal of Psychosomatic Research*, 20 (9), 1976.

durante le vacanze estive. Un altro studio, che la psichiatra ha riportato sulla rivista *Psychosomatic Medicine*, mostrava che gli studenti di medicina subivano diminuzioni dei linfociti T il giorno degli esami. Ma, quando a metà gruppo vennero insegnati esercizi di rilassamento, si osservò invece un aumento dei loro linfociti T. La percentuale dei linfociti T si poteva predire in base a quanto spesso gli studenti praticavano il rilassamento[6]!

La malattia è multifattoriale

In *Who Gets Sick*, il dottor Justice sostiene:

> Sebbene le cardiopatie e le altre cause principali di morte e invalidità al giorno d'oggi richiedano la presenza di *fattori di rischio multipli*, esiste ancora la persistente abitudine di imputare l'insorgere della maggior parte delle malattie croniche a una sola variabile, come il fumo, l'alcool, o l'esposizione a sostanze tossiche. Queste sostanze di per sé non "causano" la malattia, anche se questa convinzione è largamente diffusa, malgrado il fatto che la maggior parte di coloro che sono esposti a tali sostanze non muoiono prematuramente per la malattia in questione.

Che si tratti di cancro, malattie coronariche o diabete, la cosa evidente è che ne sono responsabili tanti "co-fattori", e non una singola causa. Le sigarette da sole non provocano il cancro o l'infarto, ma se associate ad altre sostanze possono farlo, perché il rischio aumenta con l'introduzione di diverse sostanze tossiche nell'organismo. Ma il co-fattore *principale* attualmente oggetto d'intense ricerche condotte dalla nuova scienza della psicologia biologica e molecolare, è il nostro pensiero: come le nostre emozioni influiscono sulla nostra salute e possono contribuire a farci ammalare. Poiché adesso sappiamo che il cervello regola tutte le funzioni dell'organismo, compresa quella fondamentale del sistema immunitario, diventa sempre più evidente che i nostri processi mentali sono uno dei fattori più importanti che contribuiscono all'insorgere della malattia.

In *Health and Healing*, il dottor Andrew Weil scrive:

> Occorre sottolineare un fatto: gli oggetti esterni, materiali non sono mai causa di malattia, ma sono semplicemente agenti che aspettano di provocare specifici

[6] Kiecolt-Glaser J.K. et al., "Modificatori psicosociali di immunocompetenza negli studenti di medicina", in *Psychosomatic Medicine*, 46 (1), 1984, pp. 7-14.

sintomi in ospiti suscettibili. Invece di muovere guerra agli agenti patogeni con la speranza (vana, sospetto) di eliminarli, dovremmo preoccuparci di rafforzare la nostra resistenza. La malattia è dovuta più alla nostra generale vulnerabilità che non agli agenti esterni.

Dato che la malattia non è tanto l'effetto di forze esterne, tossiche o di germi presenti nell'aria o nel nostro corpo, perché certe persone si ammalano e altre no quando vengono esposte agli stessi agenti? Cosa decide se una persona è a rischio di contrarre una particolare malattia, e in quali circostanze una persona sviluppa una malattia? È stato ormai assodato che la nostra suscettibilità alle malattie è strettamente collegata al modo in cui affrontiamo la vita, ossia come consideriamo gli eventi e le situazioni che ci capitano ogni giorno. La maniera in cui reagiamo agli stress quotidiani è il *fattore decisivo* che determina se contrarremo una malattia o meno. Se non siamo in grado di affrontare le difficoltà, se siamo sottoposti a grandi stress, se ci alimentiamo male, se non facciamo esercizio fisico e indulgiamo spesso in pensieri negativi, si turberà l'equilibrio interno del nostro corpo e noi saremo meno resistenti alle malattie. Il modo in cui reagiamo a quel che Freud definì "la psicopatologia della vita quotidiana" può determinare se ci prenderemo un'infezione o resteremo asintomatici. La maggior parte dei microbi che affliggono gli esseri umani sono già presenti nel nostro corpo, e danno luogo alla malattia *solo* quando altri fattori di rischio abbassano le nostre difese immunitarie.

Ovviamente non possiamo controllare il mondo, ma possiamo controllare la nostra risposta al mondo. Che effetto produce sulla salute di una persona alzarsi ogni mattina con l'angoscia di andare in ufficio? O temere di tornare a casa alla fine della giornata? Cosa accade al sistema immunitario quando si continua a fare un lavoro o a mantenere una relazione che si detesta? J.I. Rodale, fondatore della rivista *Prevention*, pubblicò un libro nel 1970 dal titolo interessante: *Happy People Rarely Get Cancer*. D'altro canto, una persona infelice è il bersaglio ideale per qualsiasi tipo di malattia.

Tre fattori della personalità che ci rendono vulnerabili alle malattie sono stati identificati in un libro molto esplicativo: *The Complete Guide to Your Emotions and Your Health* di Emrika Padus e degli editori di *Prevention*. Essi sono:

1. **Il controllo**. Provare una forte necessità di avere il controllo è un fattore determinante per stabilire il grado di turbamento che proveremo quando considereremo una situazione al di là del nostro controllo. Alcune persone

hanno un forte bisogno di potere, cioè, non solo devono controllare la situazione, ma anche influenzare gli altri.

2. **Il bisogno d'approvazione**. Alcune persone hanno un forte bisogno d'approvazione; vogliono essere amate e accettate da tutti, cercano sempre l'approvazione degli altri e si deprimono se non la ricevono.

3. **Il perfezionismo**. Riguarda coloro che sentono il bisogno di essere perfetti qualunque cosa facciano, e ovviamente sono destinati all'insuccesso dato che nessuno può essere perfetto.

Tutti noi dobbiamo affrontare un certo numero di crisi, e a volte addirittura gravi traumi, nel corso della vita. Ma non è tanto il numero o la gravità degli stress che provoca la malattia, quanto il modo in cui reagiamo. Ancor più importante è l'interpretazione che diamo a una situazione e la nostra risposta conseguente. Il dottor Hans Selye, autore di *The Stress of Life*, un endocrinologo che è stato anche uno dei più affermati ricercatori sullo stress, è arrivato alla conclusione secondo cui non è lo stress in sé di una particolare situazione che influisce su di noi, ma il modo in cui valutiamo la situazione.

Come reagire

Quel che ci predispone alle malattie non sono le difficoltà della vita, ma il modo in cui le affrontiamo. Per esempio, supponiamo che stiate guidando e che qualcuno vi sorpassi facendovi un gestaccio. Se continuate a guidare e lasciate correre l'incidente pensando: "Che peccato che esista della gente così nervosa che scatta alla minima cosa", è probabile che non sperimenterete alcuna conseguenza fisiologica importante. Se, al contrario, sceglie di vendicarvi e di fare la stessa cosa, o magari di usare qualche altra risposta aggressiva, oltre al fatto di rischiare un nuovo attacco, il vostro intero sistema nervoso si metterà in allarme e subirete una scarica d'adrenalina che vi alzerà la pressione in previsione di uno scontro. Se per caso siete un soggetto coronarico, il risultato potrebbe essere un infarto. La domanda allora sarebbe: cosa ha provocato la vostra morte? Il guidatore? Il suo insulto? No. Siete voi che avete causato la vostra morte permettendovi di innervosirvi e arrabbiarvi per le azioni di qualcun altro.

Secondo il dottor Albert Ellis, psicologo e autore di *A Guide to Rational Living*, le emozioni hanno poco a che fare con l'evento in sé e per sé. Tra l'evento e l'emozione interviene una realistica, o irrealistica, valutazione dell'evento, attraverso un dialogo interiore, ed è questo dialogo interiore che produce l'emozione. I nostri pensieri, diretti e controllati solo da noi stessi, sono ciò che provoca ansia, rabbia, colpa, tensione, depressione od ostilità; in una parola, lo *stress*. Noi diamo per scontato che le cose ci vengono fatte, come "Lei mi fa arrabbiare... le bugie mi fanno vedere rosso... il capo mi rende nervoso... la gente che parla in questo modo mi deprime", ecc. Ma non è vero che le cose ci vengono fatte; siamo noi che scegliamo la nostra reazione in base all'interpretazione che diamo alla situazione e al nostro conseguente dialogo interiore. La soluzione risiede nell'autoconsapevolezza. Entrate in sintonia con il vostro corpo. Se vi rendete conto che le reazioni negative alle difficoltà quotidiane della vita vi creano tensione, stanchezza, emicranie, mal di schiena, bruciori di stomaco e così via, magari è il caso di riesaminare le vostre reazioni e di imparare a diventare più tolleranti nei confronti dei comportamenti scorretti degli altri. Quando una persona cambia modo di considerare i problemi, e li vede solo come sfide, o come semplici battute d'arresto momentanee, e capisce che può almeno controllare il proprio modo di reagire, riuscirà a ristabilire e mantenere un corretto equilibrio biochimico nel proprio corpo.

Le nostre reazioni sono determinate dalle nostre convinzioni e dalle nostre percezioni. Imparare a controllare il pensiero significa imparare a valutare le situazioni difficili così da ridurre il loro impatto sul nostro sistema nervoso. Per far questo, dobbiamo essere consapevoli del nostro dialogo interiore, e cercare di reagire agli eventi nella maniera più positiva possibile. Pensare agli eventi in modo negativo, oppure evasivo per non doverli affrontare, ci predispone alla malattia. *L'atteggiamento è tutto!*

Secondo gli studi riportati in *The Complete Guide to Your Emotions and Your Health*, i tratti della personalità che aiutano le persone ad affrontare lo stress sono tre: impegno, controllo e sfida. Questi tratti formano ciò che gli psicologi chiamano "tempra". Sono le persone temprate che sopravvivono più a lungo e restano più immuni da malattie.

1. **Impegno** nel lavoro, nella famiglia, nel miglioramento di sé e in altri importanti valori.
2. Un senso di **controllo** personale sulla propria vita.
3. La capacità di vedere i cambiamenti e gli eventi stressanti come una **sfida** da vincere.

Le persone in grado di agire in modo deciso e positivo alle sfide della vita quotidiana solo quelle che sconfiggono la malattia, che si tratti di cancro, cardiopatie o altro. Il loro pensiero positivo e il loro entusiasmo inducono i linfociti T e altri linfociti ad aumentare di numero per divorare le cellule maligne e altri germi. Per queste persone, le difficoltà quotidiane, come il restare imbottigliati nel traffico, rompere il vaso preferito, versare del vino sulla tavola mentre si è a cena con il capo, rappresentano soltanto piccoli inconvenienti nel corso della vita, e si rifiutano di farsi turbare da essi. Queste persone sanno, per esempio, che mentre aspettano che la fila di auto ricominci a muoversi, possono scegliere se rilassarsi e ascoltare della buona musica, o magari una cassetta educativa, e tornare a casa sentendosi riposate e riequilibrate grazie al tempo passato da sole per distendersi, o se arrabbiarsi e innervosirsi e arrivare a casa *alla stessa identica ora*, con la pressione alta e il battito cardiaco accelerato, pronte alla lotta. Potete fare come volete: basta scegliere! Come ha detto il ricercatore medico Stewart Wolf: "La malattia è uno stile di vita, il risultato finale del modo in cui la gente reagisce ai problemi della vita".

Le suggestioni della televisione

Sarà il caso adesso di parlare anche del potere che le suggestioni negative di altri possono esercitare sulla nostra salute. I media ci sottopongono a un bombardamento continuo sulla possibilità di contrarre questa o quella malattia, e noi dobbiamo renderci conto della sottile influenza che questi concetti hanno sul nostro subconscio, e imparare a contrastarli. La televisione, le riviste, i giornali, ecc., ci martellano di suggestioni sulla "stagione fredda"; l'influenza sta girando; avete mal di testa? Artrite? Sinusite? Mal di pancia? Costipazione? Bruciori di stomaco? e così via. Le nostre cellule cerebrali vengono messe in uno stato di continua vibrazione riguardo queste malattie. Le continue suggestioni negative si insediano nel nostro subconscio e, se ripetute di frequente, aumentano il nostro stress, riducono la nostra resistenza e alla fine contribuiscono all'insorgere della malattia.

Bisogna quindi rendersi conto di questo lavaggio del cervello e contrattaccare tali suggestioni negative. Non sarebbe bello se un giorno accendessimo il televisore e l'annunciatore dicesse: "Nove dottori su dieci raccomandano il rilassamento, la meditazione, un giorno libero per la salute mentale, o semplicemente abbracciare qualcuno, come rimedio per il mal di testa, il mal di schiena, l'artrite e altri malanni". Purtroppo, nessuno sponsorizzerebbe un annuncio del genere: non c'è profitto. Albergare nella mente la paura costante di malattie gravi come il cancro o le cardiopatie, può contribuire ad attirarci addosso queste malattie. Usate invece il principio della visualizzazione e delle affermazioni positive, e concentratevi su idee che siano sane e vitali.

In ultima analisi, tutte le malattie si riducono a una cosa sola: noi impediamo al flusso di energia di scorrere liberamente nel nostro corpo. Perché? Perché abbiamo paura. La paura è l'emozione fondamentale e la base di tutte le altre emozioni negative. Noi abbiamo paura di essere vulnerabili, paura di essere feriti, paura di sembrare stupidi, paura di essere rifiutati dagli altri, e paura di rivelare chi veramente siamo perché abbiamo paura delle critiche. Con tutto questo continuo trattenerci, difenderci, diffidare, ostacoliamo il regolare flusso della nostra energia vitale e ci predisponiamo alle malattie. In salute e in malattia, ancora, l'atteggiamento è tutto!

Il potere curativo dell'amore

L'amore fa bene alla salute! Le ricerche hanno dimostrato che gli innamorati prendono meno raffreddori perché i loro globuli bianchi, responsabili della lotta contro i germi, agiscono meglio quando una persona è innamorata. Essere innamorati abbassa anche i livelli di acido lattico e ci si sente più energici. Tutti sanno che gli innamorati possono andare avanti con pochissime ore di sonno; il corpo è più energico, e ci si sente più dinamici e leggeri quando c'è amore nell'aria.

Certo, non sempre è possibile essere innamorati, e molti non hanno un partner. Ma l'amore non si limita a quello di un compagno. Ci sono molte strade e molte opportunità per dare e ricevere amore. Se nella vostra vita attualmente non c'è nessuno a darvi amore, allora dovete essere voi i primi a darlo a qualcun altro, e la legge di causa ed effetto è la garanzia del fatto che vi verrà restituito. Estendere il proprio io nella comunità e dare amore agli altri è un ingrediente necessario per la salute; è la medicina per il corpo e l'anima. Qualunque tipo di rapporto affettivo può contribuire alla buona salute, compreso l'amore per gli animali domestici. Per quelli che non hanno un partner, la famiglia, o un animale, l'impegno in un gruppo e il raggiungimento degli obiettivi del gruppo creano legami sociali e c'impediscono di focalizzarci solo su noi stessi. Le persone isolate sono quelle più suscettibili alle malattie.

Il dottor Scott Peck, in *The Road Less Traveled*, ci dà un'eccellente definizione dell'amore:

> L'amore è la volontà di estendere il proprio io con lo scopo di alimentare la propria crescita spirituale e quella degli altri. Quando cresciamo come persone

abbiamo bisogno di impegnarci, e c'impegniamo perché ci amiamo e vogliamo migliorare ed elevare noi stessi. Ed è attraverso l'amore per gli altri che li aiutiamo a elevarsi. L'amore, l'estensione dell'io, è il supremo atto dell'evoluzione. È l'evoluzione in corso. La forza evolutiva, presente in ogni forma di vita, si manifesta nell'uomo come amore. L'amore è la forza miracolosa che aiuta, guarisce e nobilita la vita.

L'amore e l'amicizia sono potenti riduttori di stress. Quando sappiamo di avere qualcuno su cui contare nei momenti difficili, ci sentiamo più forti, più sicuri, meno isolati e più padroni della situazione. Sapere di avere il sostegno di qualcuno nella nostra vita, che sia un compagno, la famiglia, gli amici, ci dà un senso di sicurezza e di speranza che aiuta a ridurre lo stress. Per il bene della nostra salute, fisica e mentale, è necessario coltivare una vita sociale. Un'espressione ristretta e limitata dell'affetto e della tenerezza nei confronti degli altri produce quasi sempre un indebolimento del sistema immunitario. Le ricerche dimostrano che le persone che appartengono a una comunità, che frequentano amici e parenti, sono più felici, più sane, più capaci di affrontare la vita, e molto più resistenti alle malattie sia fisiche che mentali.

Il potere curativo del contatto

Le ricerche stanno confermando quel che gli psicologi sostengono da anni: un contatto affettuoso è vitale per il nostro benessere. Il dottor James Hardison, psicologo e autore di *Let's Touch*, afferma: "È attraverso il contatto che siamo in grado di soddisfare una larga parte dei bisogni umani e, in questo modo, di raggiungere la felicità. Toccando qualcuno possiamo esprimere la nostra amicizia o la nostra approvazione, comunicare importanti messaggi, favorire la salute e generare amore". Il problema è che siamo stati educati a innalzare numerose barriere contro il contatto. "La nostra società", dice il dottor Hardison, "tende a collegare il contatto o con il sesso o con la violenza. Di conseguenza, molta gente evita anche i gesti più innocui – una pacca sulla spalla, una cordiale stretta di mano, un abbraccio sentito – che esprimono affetto e simpatia".

La nostra vita sarebbe squallida e meschina senza il tipo di contatto che implica vero affetto. Il contatto è un mezzo di comunicazione talmente importante che la sua assenza provoca ritardi nella crescita dei bambini, e produce un effetto diretto sullo sviluppo del corpo e della mente. I ricercatori hanno scoperto che i neonati prematuri acquistano più peso e lasciano prima l'ospedale se le madri li toccano, li cullano e ci parlano. Uno studio condotto presso il Rush-Presbyterian-St. Luke's Medical Center di Chicago ha dimostrato che i bambini toccati a intervalli regolari dalle loro madri lasciavano l'ospedale in media quattro giorni prima del normale. I bambini accarezzati mostravano anche segni di una più rapida maturazione del sistema nervoso; diventavano più attivi degli altri bambini e reagivano meglio a cose come un volto o un sonaglio. Acquistavano anche più peso, malgrado non mangiassero più degli altri, e questo sembrava dovuto all'effetto del contatto sul loro metabolismo. Nuove ricerche suggeriscono che tali risultati sarebbero da attribuire a determinate sostanze chimiche rilasciate dal cervello con il contatto. Gli studi del dottor Theodore Wacks, psicologo presso la Purdue University, hanno dimostrato che i neonati che sperimentano un maggiore contatto pelle a pelle hanno un vantaggio nello sviluppo mentale durante i primi sei mesi di vita.

Toccare altri esseri umani con gesti d'affetto dovrebbe essere parte della nostra vita di tutti i giorni. Per coloro che vivono da soli, e magari lavorano in un ambiente dove un gesto del genere è inopportuno, amare e allevare un animale potrebbe dare lo stesso senso di pienezza. Gli animali domestici ci offrono amore incondizionato. E, in mancanza di questi, ci sono sempre organizzazioni (o il volontariato) dove possiamo condividere gesti d'affetto con altri: la medicina per l'anima!

Mangiare per vivere, non vivere per mangiare

Ippocrate disse: "Che il cibo sia la vostra medicina; che la medicina sia il vostro cibo".

Un altro elemento fondamentale per mantenersi in buona salute è l'alimentazione adeguata. Nel 1997, nel primo vasto rapporto su alimentazione e cancro fin dagli anni Ottanta, gli esperti di medicina di tutto il mondo conclusero che sarebbe possibile evitare dal 30 al 40 per cento di tutti i tipi di cancro cambiando stile di vita e alimentazione. In particolare, raccomandarono una dieta prevalentemente vegetariana, niente fumo o alcool, e regolare esercizio fisico. Il rapporto, promosso dall'American Institute for Cancer Research e dal World Cancer Research, afferma: "Limitate l'assunzione di carne rossa a meno di un etto al giorno, ma possibilmente date la preferenza a pesce, pollame e altri tipi di carne bianca, e assumete cinque porzioni di frutta e verdura al giorno".

Purtroppo, nella nostra società tecnologica, sovrappopolata, super inqui nata e iper-chimicalizzata, non possiamo trarre tutti i nutrienti che ci occorrono soltanto dal cibo. La maggior parte degli alimenti che acquistiamo sono stati sottoposti a circa quaranta diversi processi di trasformazione prima che li mangiamo, e ogni processo riduce il loro valore nutritivo. Gli enti regolatori statunitensi consentono l'utilizzo di oltre 3000 diverse sostanze chimiche nei cibi, e l'americano medio consuma all'anno circa *due chili e mezzo* di queste sostanze tossiche, con un grave impatto sul sistema immunitario. La Food and Drug Administration e alcuni medici affermano che nessuno avrebbe bisogno d'integratori alimentari se tutti seguissero una dieta equilibrata, ma alcuni biochimici e altri esperti di medicina che hanno studiato a fondo l'alimentazione sostengono che tale affermazione è potenzialmente pericolosa. Anzi, è probabile che i medici che sostengono questa tesi non godano di buona salute nemmeno loro. Il dottor Carlton Fredericks, un rinomato nutrizionista e autore di numerosi libri sull'argomento, dice: "Una persona perfettamente sana è anormale nella nostra società". Gli Stati Uniti sono la nazione più malata della terra; incredibile ma vero, vengono al novantatreesimo posto nella graduatoria mondiale, secondo uno studio riportato sulla rivista *Prevention*. Eppure vantano il maggior numero di medici che in qualsiasi altra nazione.

Vitamine e salute

Se vi accontentate di tirare avanti così come state, non prendete vitamine, ma, se volete avere una salute ottimale, è assolutamente necessario prendere degli integratori vitaminici ogni giorno. Il dottor Fox, ideatore della dieta Fox, dice: "Ai miei pazienti faccio sempre fare un'analisi delle vitamine e un'indagine alimentare. Devo ancora trovare un paziente con la giusta dose ed equilibrio di vitamine e sali minerali".

Le vitamine favoriscono la capacità naturale del corpo di recuperare e mantenere la salute, e non potremmo vivere senza di esse. Le vitamine sono necessarie perché ci proteggono dagli agenti inquinanti presenti nell'atmosfera, dalle sostanze chimiche contenute nei cibi e negli indumenti che indossiamo.

I pesticidi e i diserbanti presenti nei cibi possono procurare danni alle nostre cellule, come l'indurimento delle arterie prodotto dal danneggiamento delle pareti dei vasi sanguigni. Le vitamine ci proteggono neutralizzando queste sostanze chimiche e aiutandoci a eliminarle dall'organismo. Inoltre, neutralizzano determinate tossine del cervello che si accumulano e interferiscono con la normale attività cerebrale, migliorando quindi le funzioni del cervello.

Se fosse possibile vivere in un ambiente dove il terreno è privo di sostanze chimiche e non è stato depauperato dei suoi nutrienti, e l'aria è incontaminata, allora non avremmo bisogno di vitamine; ma purtroppo non è così. Ormoni sintetici e regolatori della crescita vengono normalmente iniettati nei cibi, e li privano delle loro naturali vitamine. La maggior parte del valore nutritivo dei cibi viene distrutta prima ancora dell'acquisto da parte nostra. Il cibo cresce in un terreno povero di minerali, forzato a crescere con fertilizzanti ricchi d'azoto, geneticamente manipolato e irrorato di pesticidi. Quando mangiamo un'arancia o un pompelmo possiamo credere di prendere la nostra dose di vitamina C quotidiana, ma spesso non è così. Di solito nella frutta s'iniettano sostanze chimiche per conservarla e darle un colore più brillante, ed è stata irrorata di insetticidi. Tutto questo riduce il contenuto di vitamine e sali minerali di cui il nostro corpo ha bisogno per neutralizzare l'effetto delle sostanze chimiche velenose. Inoltre, nei cibi processati si distruggono altri nutrienti essenziali, e altri si deteriorano durante il trasporto e lo stoccaggio. Eppure c'illudiamo che, se solo mangiamo correttamente, assumiamo tutte le vitamine e i sali minerali che ci occorrono. Nella nostra società tecnologica, questo non è più possibile.

Vi consiglio di controllare su Internet le tabelle alimentari del Ministero dell'Agricoltura statunitense (www.USDA.gov). Dopo aver esaminato la versione del 1975 di queste tabelle, il ricercatore Alex Jack ha scoperto che il valore nutritivo di molti cibi si è ridotto drasticamente. La vitamina A contenuta nelle mele è scesa dai 90 ai 53 mg. La quantità di vitamina C dei peperoni è calata dai 128 agli 89 mg. C'è stato un calo di 505 mg nella quantità di calcio e vitamina A dei broccoli, e il cavolfiore è sceso di 405 mg nel contenuto di vitamina C, B_1 e B_2. La maggior parte del calcio contenuto negli ananas è scomparso: da una media di 17 mg (per 100 g, crudo) del 1975 ai 7 mg attuali. E la lista prosegue[7].

Le verdure sono la fonte principale di vitamine, sali minerali e fitonutrienti, che sono assolutamente necessari per stare in buona salute. Ma nel mondo occidentale non se ne mangiano abbastanza; i nostri cibi preferiti sono il pane, i dolci, la pasta, la carne di manzo, il formaggio e la pizza. E questo ci pone di fronte a una domanda: se la gente non mangia verdure, e quelli che lo fanno ne traggono quantità minime di nutrienti, come fa ad assumere la giusta dose di vitamine? La risposta è che non lo fa.

Inoltre, alcune nostre abitudini, come il caffè, le bevande dolcificate, l'alcool e il fumo, bruciano o diluiscono grandi quantità di vitamine e sali minerali. Oltre all'eccessivo consumo di zucchero, troppo caffè impoveri

[7] *Life Extension*, 2, 2001.

sce gravemente le riserve del corpo di tiamina (vitamina B_1). Il risultato sono nervi tesi, irritabilità e la perdita di controllo. Lo zucchero bianco, il pane bianco e altri cibi raffinati sono poveri di sali minerali e vitamine del gruppo B. Lo zucchero inoltre sottrae al nostro organismo nutrienti essenziali per impegnarli nel processo metabolico, e quindi mangiare alimenti raffinati richiede una maggiore quantità di vitamine del gruppo B. Lo zucchero ci priva anche di calcio. Gli esperimenti hanno dimostrato che lo zucchero raffinato (il saccarosio) deprime il sistema immunitario, danneggiando la capacità dell'organismo di combattere le infezioni. Alcuni dei sintomi di questa carenza nutrizionale sono i sintomi che la gente sperimenta quotidianamente: mal di testa, insonnia, stanchezza e irritabilità.

Anche i farmaci aumentano il nostro fabbisogno di vitamine e sali minerali. Farmaci come l'aspirina e altri anti-infiammatori accrescono la domanda di vitamina C. Tutti i farmaci sottopongono l'organismo a un ulteriore stress, e aumentano quindi la necessità di vitamine anti-stress come quelle del complesso B. Gli antibiotici alterano la normale flora intestinale. I problemi relativi sono una ridotta utilizzazione da parte dell'intestino di una vasta gamma di nutrienti, tra cui calcio, magnesio, acido folico e vitamina B_{12}.

Anche lo stress ci priva di nutrienti. L'ansia, la collera e altri tipi di stress mettono sotto sforzo le ghiandole surrenali e sottraggono al corpo vitamine essenziali. "Lo stress provoca un'impennata del fabbisogno nutrizionale del corpo", afferma Arthur C. Hochberg, uno psicologo esperto in alimentazione di Bala Cynwyd, Pennsylvania. Una delle vitamine B, l'acido pantotenico, "viene sottratta dal corpo a un ritmo allarmante e deve essere reintegrata", afferma il dottor Hochberg. Inoltre, "durante lo stress c'è una maggiore diminuzione di sali minerali nell'organismo". Le diete dimagranti, lo sport più praticato nel mondo occidentale, sottopongono il corpo a un grande stress. Dato che già molta gente consuma alimenti carenti di giusti nutrienti, quando una persona si mette a dieta e riduce l'assunzione di cibo, i nutrienti già carenti finiscono col mancare del tutto, rendendola più suscettibile alle malattie.

Le vitamine sono dannose?

Secondo le dottoresse Carolyn Reuben e Joan Priestley, autrici di *Essential Supplements for Women*, una delle argomentazioni più diffuse contro le vitamine è la loro presunta tossicità:

C'è un'agenzia governativa che ha diffuso i resoconti dei medici sugli effetti collaterali e la tossicità dei farmaci e delle vitamine. Il *totale* di tutte le reazioni tossiche o effetti collaterali di tutte le vitamine usate da milioni di persone nel nostro paese, per tutti gli anni in cui è esistita quest'agenzia, è inferiore alle reazioni tossiche e agli effetti collaterali riportati *ogni anno* per *ciascuno* dei dieci farmaci più diffusi e usati in America.

Il biochimico Patrick Mooney, autore di *Supernutrition*, afferma che solo una persona negli ultimi venticinque anni *potrebbe* essere morta per overdose di vitamine. Sull'altro fronte, i farmaci sono potenzialmente letali. Il cattivo utilizzo e l'abuso di farmaci uccidono migliaia di persone ogni giorno. Ma non esiste nessun rapporto documentato di danni permanenti risultanti dall'assunzione d'integratori vitaminici e di sali minerali.

Vitamine e sali minerali: in quali dosi e quando?

Prendere integratori di vitamine e sali minerali in combinazione è il modo migliore per trarne il massimo beneficio. Il vostro programma di integrazione dovrebbe comprendere tutto, nelle giuste proporzioni, dalla vitamina A allo zinco. Per fortuna, oggigiorno i negozi di alimenti biologici ci presentano una vasta gamma di prodotti contenenti vitamine e sali minerali, con i nutrienti già mescolati nelle giuste proporzioni, così che non occorre leggere centinaia di libri per scoprirle. Leggete l'etichetta per accertarvi che la formula sia completa, e controllate anche gli eccipienti, nel caso siate allergici a cose come il lattosio, il mais, la soia, il frumento o il lievito. *Live Longer and Feel Better with Vitamins and Minerals* del dottor Earl Mindell è un ottimo libro sull'uso degli integratori vitaminici.

La nostra società farmacodipendente

Poiché i medici sono svelti a prescrivere antibiotici, persino per virus come quelli del raffreddore contro cui sono del tutto inefficaci, e poiché i pazienti ricorrono sempre ai medici per questi farmaci, oggi assistiamo a una crisi del settore sanitario. Un numero crescente di antibiotici non è più valido contro certe infezioni, e stanno facendo la loro comparsa nuovi ceppi di batteri per cui non esistono antibiotici.

Una volta ho sentito una giovane donna che diceva a un'amica di aver contratto una lieve infezione alla vescica. La sua amica le suggerì di provare del succo di mirtillo, un vecchio rimedio utile per questo tipo d'affezione. "Oh, no", rispose la donna, "voglio qualcosa che funzioni subito. Andrò dal medico per farmi dare qualche antibiotico". Quel che cerchiamo è la soluzione istantanea, senza pensare agli effetti collaterali. In un altro caso, sentii una signora che si era fatta prescrivere dal medico un antibiotico per il raffreddore, pur sapendo entrambi che contro il raffreddore gli antibiotici non servono. Siamo così condizionati a fare ricorso ai farmaci, prescrivibili o da banco, che sorvoliamo sul fatto che i farmaci sono sostanze chimiche sintetiche e che tutti sono tossici, in modo più o meno consistente. Quando prendiamo la penicillina, per esempio, possiamo uccidere l'infezione, ma anche parte della nostra flora intestinale, per cui è consigliabile prendere anche degli acidofili (che si trovano in alcuni tipi di yogurt) per neutralizzare quest'effetto, altrimenti potremmo sviluppare un'infezione da lievito.

"La morbilità e la mortalità collegate alla prescrizione e all'uso di farmaci rappresentano un grave problema medico che richiede la massima attenzione", afferma J. Lyle Bootman, Preside della Facoltà di Farmacia presso l'Università dell'Arizona. "I problemi legati ai farmaci, provocati da pazienti che non li assumono nella maniera corretta, o da prescrizioni sbagliate, e gli effetti collaterali, che vanno dalle semplici eruzioni cutanee alla morte, costano una cifra stimata di 75 miliardi di dollari in conti medici, cifra che rappresenta il 28 per cento di tutti i ricoveri ospedalieri, e provocano circa 119.000 decessi l'anno". Lo studio venne presentato da Bootman e da Jeffrey A. Johnson durante il convegno di scrittori medici dell'American Medical Association, nel 1999. Con oltre 100.000 decessi l'anno, i problemi relativi ai farmaci sono diventati la terza causa di morte in America, seconda solo alle cardiopatie e al cancro, e superando in graduatoria gli ictus.

L'Ufficio della Contabilità di Stato degli Stati Uniti comunicò, nel 1998, che 102 dei 198 farmaci approvati dalla FDA tra il 1978 e il 1986 avevano mostrato gravi rischi post-approvazione, tra cui "insufficienza cardiaca, convulsioni, insufficienze renali ed epatiche, difetti neonatali e cecità". Di recente, abbiamo osservato esempi di tali rischi con il farmaco dietetico Phen-Fen, e il farmaco per il diabete Rezulin, ora ritirati dal mercato. Dal 1997, la FDA ha ritirato nove farmaci ritenuti mortali. Dato che tutti i farmaci sono pericolosi in misura più o meno grave, un altro modo per restare sani è di prenderne il meno possibile, e astenersi dal riempire l'armadietto del bagno di prodotti da banco. Certa gente dimentica che questi prodotti, sebbene non abbiano bisogno di ricetta, sono pur sempre farmaci. Ovviamente ci sono dei casi in cui le medicine sono necessarie, perciò usate il buon senso, ma non ne abusate. Quando possibile, ricorrete senza indugio a rimedi naturali.

Il magico potere dell'esercizio fisico

Non aspettatevi di restare sani e in forma per tutta la vita se non volete fare esercizio, perché l'attività fisica è essenziale. Oltre a tenere il corpo in forma e in salute, l'esercizio fisico migliora il nostro benessere emotivo, affina le nostre capacità mentali, allevia la tensione e può persino contribuire a superare problemi gravi come la depressione. Una buona routine aerobica (che significa aerobica *non-stop*), che accelera il battito cardiaco e la respirazione, eseguita per un minimo di venti minuti alla volta, almeno tre volte a settimana, vi ricompenserà con lauti e duraturi profitti.

L'esercizio allevia gli stati d'ansia, mitiga la rabbia e l'ostilità, migliora il sonno e la memoria, e promuove un'immagine di sé più positiva e una maggiore fiducia in se stessi. Le persone che svolgono della regolare attività fisica si sentono meglio di quelle che non ne fanno. Infatti, sembra che ci sia un collegamento diretto tra l'attività fisica, il benessere e la soddisfazione personale.

Secondo il National Center for Disease Control, la persona che non si esercita regolarmente corre gli stessi rischi cardiaci di un fumatore. In base alle sue ricerche, il CDC ha concluso che la mancanza di esercizio fisico è un fattore di rischio per le malattie cardiovascolari, grave quanto il fumo, l'ipertensione o il colesterolo alto, e ha affermato inoltre che lo stile di vita sedentario rappresenta una minaccia per la salute degli americani più grave dei suddetti fattori.

Secondo l'analisi dell'American Cancer Society condotta su oltre un milione di persone, è stato scoperto che il tasso totale di mortalità per cancro era minore fra coloro che svolgevano della regolare attività fisica, nel lavoro o nel tempo libero, ed era maggiore fra coloro che non si esercitavano mai. I dati indicavano inoltre che le persone che svolgevano una moderata attività fisica mostravano una minore incidenza di cancro al polmone, al colon-retto e al pancreas.

L'esercizio fisico contribuisce allo sviluppo dell'autodisciplina. Lo psichiatra Thaddeus Kostrubala, autore di *The Joy of Runnig*, afferma che la corsa funziona in quanto cambia gli schemi della personalità. Le persone sviluppano un maggiore senso del proprio valore e della propria forza. Le prove suggeriscono inoltre che le persone aerobicamente in forma sono anche intellettualmente più capaci. I ricercatori sono infatti convinti che l'esercizio può migliorare la concentrazione, la creatività e la capacità di risolvere i problemi. Il venti per cento del sangue pompato dal cuore affluisce al cervello. Durante l'attività fisica, quando il cuore pompa più forte, l'afflusso di sangue aumenta. Questo significa che c'è maggiore apporto d'ossigeno al cervello, con conseguente aumento della capacità di pensare. Secondo uno studio riportato dalla rivista *Prevention*, un test effettuato su soggetti anziani, che spesso si lamentano di lacune di memoria, ha dimostrato che gli anziani sottoposti a un regime di camminata veloce per quattro mesi sono migliorati in sei di otto test di capacità mentale, tra cui tempi di reazione e memoria a breve termine. Il gruppo di controllo sedentario non ha mostrato alcun miglioramento.

Uno studio sulla depressione ha mostrato che fare jogging cinque giorni a settimana per un periodo di dieci settimane era associato a significative riduzioni dei punti di depressione. Tra i soggetti depressi che praticavano jogging, gli stati negativi di rabbia, ostilità, stanchezza, inerzia e ansietà erano diminuiti, mentre erano aumentati gli stati positivi di allegria ed energia. In effetti, in molti casi la depressione fra le persone anziane è il risultato di una vita d'immobilità fisica. L'inattività è una forma di cattivo uso di sé.

Invecchiamento ed esercizio

Non esiste alcun farmaco o sostanza che possa garantirci la buona salute in vecchiaia come l'esercizio fisico regolare. È la cosa che più si avvicina alla fantomatica pillola anti-età. Con il passare degli anni, la capacità del cuore di trasportare ossigeno e nutrienti grazie alla circolazione sanguigna diminuisce costantemente. Ma il cuore rimarrà forte ed efficiente se lo allenerete regolarmente attraverso l'esercizio. Numerosi studi hanno dimostrato che le persone tra i sessanta e i settant'anni d'età possono tornare energiche e in forma come un trentenne seguendo semplicemente un programma di esercizi aerobici, come il nuoto o la corsa. Invecchiare non significa per forza sentirsi più stanchi, ma il corpo sedentario si affatica al minimo sforzo. Uno dei più grandi benefìci dell'esercizio è l'energia extra che la gente sperimenta quando è in forma. Molti si lamentano di essere troppo stanchi per fare esercizio, ma è vero il contrario: sono stanchi perché *non* fanno esercizio. L'attività fisica regolare dona più vitalità, resistenza ed energia perché apporta più ossigeno al cervello.

Perché l'esercizio sia davvero efficace nel migliorare il sistema cardiovascolare, deve essere continuo, ininterrotto e costante. Attività caratterizzate da movimenti bruschi alternati a momenti di quiete, come il tennis, il golf, i lavori di casa pesanti o la *square dance*, non provocano cambiamenti metabolici, cardiovascolari e muscolari, e non contribuiscono a perdere peso. Soltanto gli esercizi aerobici sostenuti e ininterrotti coinvolgono tutti i muscoli del corpo, compreso il muscolo cardiaco. Ma l'esercizio non deve essere pesante per essere benefico; non bisogna mica correre quindici chilometri tutte le mattine prima di colazione. Una camminata a passo svelto (dai quattro ai sei chilometri l'ora) è uno degli esercizi più piacevoli e benefici che ci siano. Una camminata veloce di una mezz'ora, fatta almeno tre volte a settimana, vi darà più energia, vi farà accumulare calcio nelle ossa per prevenire l'osteoporosi, migliorerà il sistema cardiovascolare, la forza e l'elasticità muscolare, oltre al vostro benessere mentale, alla postura, e vi aiuterà a restare snelli.

Così come non si può avere una salute ottimale senza un'alimentazione adeguata, così non si può essere completamente sani senza fare esercizio almeno tre volte a settimana, preferibilmente cinque, per un minimo di venti, trenta minuti a volta. Ogni muscolo del corpo deve essere esercitato ogni giorno. È perché non lo facciamo che soffriamo di tanti doloretti diffusi. Molti mal di testa, mal di schiena, costipazione, dolori artritici e così via, potrebbero essere completamente eliminati se seguissimo un programma di esercizio regolare. E potrebbe anche essere divertente!

Riduzione dello stress

Nel nostro mondo teso, niente conta di più che imparare a rilassarsi. Quando ci prendiamo un po' di tempo al giorno per rilassarci, l'incessante schiera di pensieri e immagini inquietanti viene sostituita da uno stato di serenità e pace che dona salute al corpo e alla mente. Le molteplici fonti di stress della vita moderna creano una tensione prolungata, e questo influisce negativamente sulla nostra salute, felicità e produttività. Il problema più frequente sottoposto all'attenzione dei medici oggigiorno è la stanchezza cronica, che nessuna pillola può curare, ma che può essere alleviata prendendosi un po' di tempo per respirare profondamente e rilassare la tensione dei muscoli, consentendo un maggiore afflusso d'energia al cervello.

Chi pratica il rilassamento ne trae grandi benefici. Con il rilassamento muscolare, si migliora la salute fisica, si apprende più in fretta, si vince l'ansia, si lavora meglio, si combatte lo stress, s'intrecciano relazioni interpersonali più armoniose, e si scopre più gioia di vivere. La tensione è un irrigidimento muscolare. I muscoli della fronte, del collo, delle spalle, dell'addome, o di altre zone, s'irrigidiscono e restano tesi quando uno si trova in una situazione di conflitto, o svolge un compito pressante o corre per andare al lavoro. Alla fine quei muscoli cominciano a dolere perché restano troppo tesi per troppo tempo, e così compare la cefalea muscolo-tensiva, il torcicollo o il mal di schiena. Di solito non ci rendiamo conto di avere una persistente tensione muscolare perché ci siamo gradualmente abituati e l'accettiamo come una cosa normale. Non ci accorgiamo che i muscoli sono più tesi di quanto richiederebbe il lavoro che stiamo svolgendo. Tuttavia, quando avrete imparato a rilassarvi, imparerete anche ad accorgervi dell'accumulo di tensione prima che vi venga il mal di testa o un altro dolore come la sindrome del tunnel carpale. Ascoltando i vostri muscoli, potrete parlare loro e dirgli di rilassarsi.

Per quanto possa suonare contraddittorio, la capacità di rilassarsi accresce l'energia. Questo perché la tensione inibisce la resilienza dei muscoli e ci fa sprecare energia vitale. I muscoli rilassati, al contrario, conservano l'energia e sono pronti all'azione quando è necessario. I muscoli volontari rilassati producono un generale rilassamento in tutto il corpo, comprese le funzioni involontarie. Le ghiandole senza condotto escretore smettono di secernere stimolanti nel flusso sanguigno e l'apparato digerente rallenta il suo costante rimescolio. Il cuore non si sforza più di pompare sangue contro i vasi sanguigni contratti. A loro volta i vasi sanguigni si dilatano per far circolare più facilmente il sangue in tutto il corpo. La persona capace di rilassarsi è una persona energica e vibrante la cui energia deriva da un corpo sano e rilassato.

La tensione cronica influisce anche sull'apprendimento e le emozioni. Una persona tesa non riesce ad afferrare concetti difficili o a risolvere problemi complicati. Più si è tesi, meno si è in grado di padroneggiare i concetti. Le risposte emotive sono spesso esagerate e nervose. Al contrario, una persona rilassata può lavorare a lungo, e dormire profondamente e bene. Ha una maggiore capacità d'apprendimento e di memoria, ed è vitale, energica e sveglia. E di solito gode di relazioni interpersonali appaganti.

Uno studio effettuato su un gruppo di 42 pazienti ipertesi ha messo a confronto gli effetti di nessuna terapia con un programma di progressivo rilassamento muscolare, su un periodo di otto settimane. I risultati confermano le scoperte di altre ricerche secondo cui la pratica del rilassamento riduce la pressione sistolica e/o diastolica nei pazienti con ipertensione essenziale[8].

Uno dei modi migliori per imparare a rilassarsi è con la meditazione, di cui abbiamo parlato in un capitolo precedente. Due libri sull'argomento che vi consiglio sono *The Relaxation Response* del dottor Herbert Benson, e *A Guide to Stress Reduction* del dottor L. John Mason.

[8] Archivi del *General Psychiatry*, giugno 1982.

Lunga vita e salute a voi!

Il corpo esprime quel che siamo: uno strumento per l'espressione dell'anima; una rappresentazione dei pensieri che scegliamo. Un antico adagio recita: "Gli dei che veneriamo iscrivono i loro nomi sui nostri volti". Se scegliete emozioni positive, mangiate in modo adeguato e fate esercizio fisico ogni giorno, non starete mai male. Pensate ai soldi che risparmierete, oltre alla felicità che proverete nell'avere un corpo forte, sano ed energico per tutta la vita!

La salute è una condizione positiva dell'essere, accessibile a tutti, a patto che le si dedichi impegno e attenzione. La crisi sanitaria del nostro mondo occidentale finirà quando la gente comincerà ad assumersi la responsabilità delle proprie malattie, e si renderà conto che ciò che causa la malattia è il proprio modo di vivere. Il dottor Blair Justice dice: "Esaminando il nostro atteggiamento nei confronti della malattia, e della nostra vita, possiamo scoprire come ci ammaliamo e, di conseguenza, come fare a recuperare la capacità di aiutare noi stessi nel processo di guarigione".

11. LA COSCIENZA COSMICA: LA META FINALE

C'è uno stato mentale così felice, così sublime,
che il resto della vita non vale niente al confronto.

DOTTOR RICHARD MAURICE BUCKE, *Cosmic Consciousness*

Nei primi capitoli abbiamo parlato di come lo spirito si è progressivamente evoluto attraverso la fase atomica, minerale, vegetale e animale, e infine nel genere umano. Ma c'è ancora un'altra fase di sviluppo prima che torni a fondersi in se stesso: il Tutto. Questa sesta fase viene definita come fase Cosmica o Divina della creazione. Sappiamo che questa fase esiste perché nel corso della storia numerosi individui vi sono entrati consciamente mentre vivevano su questa terra, e le loro vite e opere sono un modello a cui tutti dovremmo aspirare. Questi uomini e queste donne cosmicamente consci vivevano in uno stato di consapevolezza ben superiore a quello delle persone comuni che vediamo intorno a noi tutti i giorni, persone che sono confinate nella loro fase umana e non riescono a concepire altro oltre il mondo materiale.

Coscienza cosmica significa *lo stato di consapevolezza o conoscenza che la persona ha quando diventa consciamente consapevole dell'organizzazione dell'universo e della propria unità con esso.* Inoltre, la persona è in grado di tradurre questa conoscenza in un'esperienza di vita.

La Figura 7 illustra che ci sono tre forme, o livelli, di coscienza: semplice, di sé e cosmica, e possiamo simbolicamente collocare tutto ciò che esiste in questo *continuum.* La prima sezione rappresenta le forme di vita inferiori che hanno una coscienza semplice – dalla materia inorganica fino all'essere umano meno evoluto, l'uomo primitivo. La seconda sezione comincia con l'uomo primitivo e finisce con gli individui superiori, come Albert Schweitzer, Buddha o Socrate. La terza sezione rappresenta il più basso livello di coscienza cosmica fino alla consapevolezza divina pienamente sviluppata, che caratterizza l'essere umano perfetto.

Ciascuno è situato in qualche punto di questa scala, e proprio come avviene nel regno umano, in cui abbiamo molti gradi di consapevolezza umana, così avviene a livello cosmico. Nel corso dei secoli ci sono stati molti individui che hanno sviluppato questo potere di realizzazione trascendente. Alcuni di essi sono elencati in un libro estremamente interes-

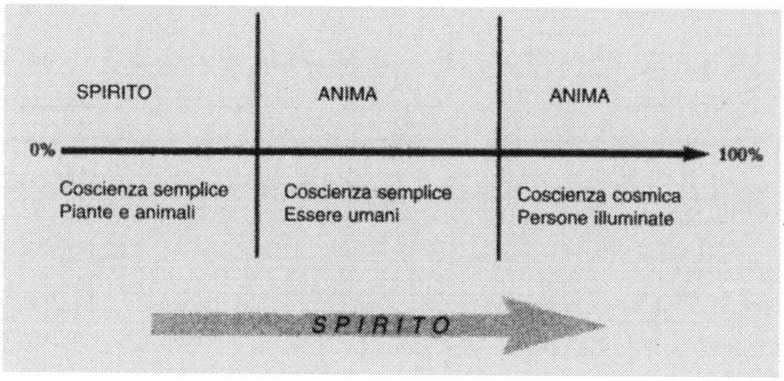

Figura 7. Il *continuum* della coscienza

sante del 1901, *Cosmic Consciousness* del dottor Maurice Bucke. Gli individui di cui parla nel libro ovviamente non rappresentano tutte le persone che hanno avuto un'illuminazione e hanno sviluppato una consapevolezza cosmica, ma fornisce un'ampia storia degli Illuminati prima del XX secolo. In quest'opera, il dottor Bucke delinea le caratteristiche della persona cosmicamente conscia, ossia colui che ha avuto un'illuminazione. Esplora la vita di persone come Spinoza, Emerson, Walt Whitman, Dante, Buddha e Cristo, che, secondo i suoi criteri, avevano il senso cosmico in grado più o meno sviluppato.

Il dottor Bucke scrive:

> La caratteristica fondamentale della coscienza cosmica è una coscienza del cosmo, ossia della vita e dell'ordine dell'universo. Con la coscienza di sé, l'individuo si concentra principalmente su di sé. Con la coscienza cosmica, estende la sua percezione all'intero universo. Con la coscienza del cosmo, sopravviene una rivelazione o illuminazione intellettuale che da sola collocherebbe l'individuo su un nuovo piano di esistenza: lo renderebbe quasi un membro di una nuova specie.
> ... Il tratto che distingue tali persone dalle altre è questo: i loro occhi spirituali si sono aperti ed essi hanno visto ... Una persona viene identificata come membro di questa famiglia grazie al fatto che, a una certa età, è passata attraverso una rinascita ed è ascesa a un piano spirituale più elevato.

Ovviamente, questo non significa che quando avete la coscienza cosmica, sapete tutto sull'universo. Infatti, quando un bambino ha due o tre anni e acquista la coscienza di *sé*, non conosce automaticamente tutto di sé; e dopo migliaia di anni di esperienza, come membri del genere umano, ancora sappiamo relativamente poco di noi. Quindi, una persona non sa tutto dell'universo solo perché ha avuto un'illuminazione, ma quell'individuo possiede una consapevolezza molto più vasta rispetto alla persona cosciente solo di sé. Proprio come esistono vari gradi di coscienza umana, così ne esistono di coscienza cosmica. Questo fatto spiega le differenze di vedute sulla natura dell'universo tra le persone che hanno raggiunto la coscienza cosmica, come Cristo, Buddha e Socrate. Sebbene tutte contengano le verità fondamentali che sono sempre praticamente identiche, ci sono delle variazioni nella loro percezione ed esposizione di questi princìpi.

Il dottor Thurman Fleet, fondatore della "Terapia del concetto", afferma:

> La vita spirituale è la più alta espressione dello spirito, esemplificata da attributi del carattere come l'amore, la generosità, l'aspirazione, la gentilezza e così via... Sono pochi i mortali che hanno raggiunto la più alta forma di coscienza, quella cosmica, e di solito tali individui vengono onorati come salvatori del mondo. Quando comprendiamo appieno il significato di questi termini e i misteri che rappresentano, scopriamo che, sebbene possa essere stata la missione speciale di uno come Cristo o Buddha ad assumersi l'impegno di illuminare una particolare epoca, ci sono molti altri maestri o anime illuminate impegnati in altri lavori, sia su questo piano, come su molti altri piani dell'esistenza, che sono interessati ad aiutare il progresso della coscienza del mondo.

Per spostarsi nella fase divina o cosmica, occorre sviluppare l'intuito e imparare a basarsi su di esso, piuttosto che su uno strumento molto meno efficace, la ragione. L'intuito è la caratteristica principale dell'individuo cosmico. Può essere coltivato, ma il patto che l'intuito stringe con voi è che vi servirà solo se voi lo servite. Dobbiamo allenare questa facoltà latente e imparare a obbedirle per poterla usare. Come descritto nel Capitolo 8, uno dei metodi più importanti per sviluppare l'intuito è la meditazione. Dobbiamo diventare sempre più consapevoli del nostro mondo interiore e rivolgervi costantemente la nostra coscienza. Quel che cerchiamo è una *coscienza spirituale abituale*, non una coscienza spirituale della "domenica mattina" che lancia una moneta nel piattino della colletta e poi se ne dimentica per il resto della settimana; una costante consapevolezza della nostra unità con tutte le forme di vita.

Il dottor Bucke così scrive:

> L'immediato futuro della nostra razza è indescrivibilmente ricco di speranza. Il seme della coscienza cosmica è stato piantato in molti individui e, mentre questo seme cresce, sempre più persone arriveranno a comprendere questo stato

sublime, finché alla fine la maggior parte della razza sarà in possesso di un certo grado di conoscenza cosmica. E allora l'anima umana sarà rivoluzionata... Gli uomini e le donne sapranno che Dio è dentro di loro; che il mondo è governato da leggi immutabili e, conoscendo quelle leggi, essi sapranno che è conveniente seguirle. Ogni atto eseguito sarà un atto per il Divino, ogni giorno vissuto sarà un giorno dedicato al Divino... Ogni anima, attraverso la conoscenza trasmessa, saprà e si sentirà di essere immortale e saprà che l'intero universo con tutto il suo bene esiste per lei, e appartiene a lei, per sempre. Ogni persona arriverà a comprendere che la violazione delle leggi spirituali non paga, e ciascuno comincerà a conformare la propria vita secondo il reale, e la pace e la felicità abbonderanno ovunque.

La coscienza cosmica perviene alla persona che apprende, e vive, i supremi princìpi spirituali che governano la vita. Essere semplicemente a conoscenza delle leggi cosmologiche, ma non viverle, non porta a una coscienza superiore; occorre diventare un tutt'uno con il cosmo obbedendo alle sue leggi.

Si può anche provare un forte desiderio di raggiungere la coscienza cosmica, ma se la forza di volontà è debole, non si otterrà nulla. La volontà si può allenare, e *bisogna* allenarla sempre finché non le verrà naturale obbedire agli ordini dell'Io Superiore. La dedizione è uno dei fattori più importanti per raggiungere lo scopo. Quando una persona è discepola del cammino superiore, deve essere risoluta nella sua ricerca. La parola *discepolo* deriva da "disciplina", che significa allenamento della mente o del carattere. Se la volontà non è sufficientemente allenata e sviluppata, è impossibile qualsiasi progresso. Ma sono così pochi quelli che dedicano tempo allo sviluppo della volontà. Così pochi quelli che sviluppano la mente. Per la maggior parte le persone sono solo troppo pigre; preferiscono guardare la televisione, e farsi intrattenere da qualcun altro piuttosto che mettere in funzione le proprie cellule cerebrali. Alcune vogliono sapere i segreti, ma non vogliono abbandonare il loro modo negativo di vivere. È una cosa impossibile. Una persona del genere non raggiungerà mai la conoscenza superiore.

Il commovente racconto di Buddha nella natura selvaggia, che passa sei lunghi anni di mortificazione e meditazione cercando di raggiungere l'illuminazione, rappresenta un monumento alla dedizione personale a una visione. Buddha stesso disse che ci furono molte volte durante l'attesa in cui si sentì "quasi sopraffare dai terrori dell'oscura foresta", e dai rigori che si era autoimposto. Quando si cerca l'illuminazione con una tale determinazione, si è certi di raggiungerla. Molta gente esprime il desiderio di arrivare alla coscienza cosmica, ma quanti hanno la forza di volontà e il coraggio di un Buddha che affronta le paure e le prove della sua lunga veglia?

Dobbiamo anche capire che lo spirito è limitato dal mezzo attraverso cui si esprime. Per esempio, è molto più limitato nella sua espressione attraverso un uccellino che non in quella attraverso un essere umano. Il Potere Creativo che pervade l'universo è perfetto in sé e per sé, ma la sua espressione attraverso il nostro mezzo dipende dalle condizioni del mezzo. Facciamo un paragone con una splendida musica eseguita da una grande orchestra sinfonica, in una sala da concerti acusticamente perfetta, che viene registrata e poi trasmessa da una stazione radio e infine captata dai diversi apparecchi stereo della zona. Alcuni di questi apparecchi sono in ottime condizioni, con altoparlanti e amplificatori in grado di riprodurre perfettamente la musica. In altri, però, la ricezione è imperfetta e, di conseguenza, la splendida musica viene espressa in modo imperfetto. Così siamo noi. Il Potere Creativo che pervade l'universo è perfetto in sé, ma la sua espressione attraverso la nostra particolare forma dipende dalle nostre condizioni. Grazie al costante apprendimento di come entrare in contatto con il nostro io, possiamo sintonizzare la nostra vita con il Grande Direttore dell'Universo, diventando così una perfetta espressione dello spirito Interiore. Questo è il nostro compito come esseri umani.

In uno dei suoi testi di "Terapia del concetto", il dottor Fleet afferma che:

> A quanto pare, viene un tempo per ciascuno di noi in cui ci sentiamo stanchi di inseguire le sensazioni esteriori, e la nostra attenzione si rivolge al mondo interiore. Cercando di trovare una soluzione ai problemi della vita, diventiamo cercatori di verità. La nostra coscienza viene quindi diretta verso l'interno e, se siamo costanti nella nostra ricerca, alla fine diventiamo consapevoli dell'ordine dell'universo. Veniamo a conoscenza di un grande Potere che tutto pervade e che governa ogni cosa, e, mentre progrediamo, cerchiamo di saperne di più. Il mondo materiale non assorbe più tutta la nostra attenzione. Qualcosa di nuovo è entrato nella nostra vita: il desiderio di conoscere il mondo interiore o spirituale. Allora intraprendiamo il viaggio che conduce alla coscienza cosmica.
>
> Una nuova vita sembra nascere; la nostra vitalità si rinnova; siamo avidi di assorbire tutto quel che possiamo. Studiamo e meditiamo, e nello studio e nella meditazione troviamo qui e là frammenti di verità. Custodiamo gelosamente questi frammenti finché non ne abbiamo abbastanza da tentare di metterli insieme, come un bambino che tenta di comporre un puzzle. E infine si svela a noi una grande verità: il mondo e tutto quanto esso contiene è governato da leggi, i grandi princìpi cosmologici.
>
> A quel punto ci chiediamo: cosa sono queste leggi? E continuiamo a vagare,

sempre in cerca, una ricerca incessante. Continuando a lottare per trovare una risposta, setacciando nell'eterogeneo mare di filosofie, religioni, trattati, troveremo quel che cercavamo da tanto, la verità dell'organizzazione cosmica. Afferriamo con salda presa gli Eterni Princìpi della Legge Naturale e, mentre li impariamo, diventiamo consci di qualcosa di nuovo che entra nella nostra vita: la consapevolezza dell'Uno. Ora siamo davvero sulla Via della Realizzazione, essendo entrati in un superiore stato di coscienza, quella cosmica.

È questo, quindi, il nostro scopo, la meta che tutti cerchiamo di raggiungere, consapevoli o meno. Gli uomini e le donne spirituali sono i salvatori del mondo, e la persona spirituale è anche creativa. Per definizione, una persona spirituale è, in sommo grado, unita all'Aspetto Divino del proprio essere. La vita e i pensieri di quella persona procedono dal regno spirituale, portando così nel mondo una vita creativa che non si sottomette alle vite degli altri; è una creazione originale. La vera persona creativa cambia sempre il mondo in qualche modo. Quasi tutti i pensieri buoni, ispiratori e sublimi del nostro mondo sono stati prodotti dallo spirito di idealisti come Platone, Kant, Schweitzer, Spinoza, e da anime poetiche come Walt Whitman.

Solo quando ci radichiamo nella certezza che siamo una manifestazione della Coscienza Divina dentro la nostra forma fisica, non ci sentiremo più soli e sperduti. È l'esperienza dell'Infinito che ci consente di spezzare l'isolamento, l'ansia e l'estraniazione dell'esistenza cosciente solo di sé. Lo spirito pervade tutto l'universo, e noi siamo totalmente dipendenti da questa coscienza per esistere. Nella certezza della conoscenza dell'onnipresente spirito, possiamo raggiungere la pace interiore. Dio non è un vecchio patriarca, ma, in mancanza di una parola migliore, una Forza Energetica che la nostra coscienza finita e limitata non ha mezzi per comprendere. Eppure la consapevolezza conscia che ogni cosa e ogni essere *è* la sua esistenza significa che siamo in un luogo sacro, anche se ci troviamo nel più mondano dei luoghi, perché tutto ha radici nella Vita Divina. Con le parole del grande teologo Paul Tillich: "Se uno sperimentasse sempre la Divina Presenza, non ci sarebbe differenza fra il sacro e il profano, perché questa differenza non esiste nella Divina Coscienza".

Quando capirete cosa significa davvero essere una radiante espressione dello spirito Divino in manifestazione, il vostro comportamento sarà sempre governato da un unico concetto centrale. La vostra religione non è quella in cui affermate di credere; è ciò che fate nella vita. Quali sono i vostri interessi principali? A cosa avete dedicato la vita, i pensieri e le azioni? Questa è la vostra vera religione. Socrate ha insegnato che una persona che capisce la verità e l'idea del bene non può mai agire contro quell'idea. Il rapporto esistenziale di quella persona con la vita sarà motivato, governato e diretto dal suo rapporto esistenziale interiore con il Divino; perciò è impossibile che sia infedele a questa comprensione illuminata.

Avendo delineato il compito che ci aspetta, siamo in grado di raggiungere la meta? Naturalmente, non sarà un lavoro facile, ma una lotta continua che richiederà vigilanza costante e rigorosa autodisciplina perché dobbiamo soprattutto liberarci di una parte di noi: il nostro egotismo. Se vogliamo conoscere la nostra natura spirituale, dobbiamo essere disposti al sacrificio; dobbiamo essere pronti ad analizzare il nostro assetto emotivo e a eliminare sistematicamente tutti i tratti negativi e distruttivi. Se vogliamo camminare lungo la via superiore, dobbiamo prima passare per la soglia contraddistinta dal cartello "Iniziazione". Dobbiamo passare un periodo di prova prima di raggiungere l'ispirazione che ci condurrà alla piena illuminazione. In qualunque tipo di scuola, uno studente deve prima passare un esame d'ammissione per vedere se possiede tutti i requisiti necessari. Lo stesso vale per la coscienza superiore. Quest'apprendimento non si può forzare; si evolve nella persona secondo un processo naturale mentre la persona evolve la propria coscienza studiando, meditando e vivendo la sua vita.

Una volta presa la decisione conscia di allinearci con il mondo spirituale, sforzandoci con tenacia di superare la nostra natura inferiore, sembra che qualche forza invisibile intervenga a darci aiuto. Questo, almeno, è quel che ci dicono i grandi maestri; e possiamo stare certi che questo aiuto verrà in un modo o nell'altro. Non saremo mai soli nella nostra battaglia, se solo ci rivolgeremo allo spirito Interiore per un aiuto. Se persistiamo nella nostra determinazione, nella nostra devozione allo scopo, intuizione e forza ci perverranno in vari modi e da varie fonti. In questo caso, ci sarà di validissimo aiuto conoscere il cammino che ci aspetta e coltivare l'amore per la saggezza. Quando studiamo le opere dei grandi pensatori che hanno attraversato la soglia prima di noi, risvegliamo la nostra percezione riconoscendo il valore della loro; e possiamo scoprire regni interiori che essi hanno già esplorato. Il dottor Fleet scrive: "Quando una persona raggiunge un certo livello di coscienza spirituale, arriva un tempo in cui è capace di vedere senza occhi, e di sentire senza orecchie. Quest'individuo è in contatto con un altro mondo, uno ben più reale di questo mondo fisico. L'individuo diventa pienamente conscio della propria Divinità e della propria immortalità, ed è esattamente questa la condizione cui aspirano tutti gli esseri umani, anche se magari non ne sono coscienti".

Sono molti coloro che aspirano al piano spirituale della vita, ma non molti quelli che riescono a raggiungerlo. Come recitano le Sacre Scritture: "Molti sono chiamati, ma pochi sono scelti". Questo significa semplicemente che sono poche le persone con la determinazione necessaria a continuare la battaglia fino alla scoperta della luce sul cammino. Di solito, un aspirante alla coscienza superiore è stato indotto alla ricerca perché soffre le superficialità del mondo. Ha sperimentato tutto quello che il mondo offre e si è saziato. La sua sofferenza lo porta a desiderare una vita migliore, più nobile, e il suo grido interiore riecheggia nell'universo. Comincia a vagare qua e là raccogliendo brandelli di conoscenza che gli consentiranno di trovare la via superiore. Ormai candidato all'espressione spirituale più avanzata, mentre tenta con cuore sincero di raggiungere la padronanza di sé, comincia a richiamare a sé aiuto. Attraverso il mezzo delle leggi di risonanza e vibrazione, attira a sé anime affini, da questo piano e da altri, che lo arricchiscono mentalmente e spiritualmente.

Questo tipo di persona sta acquistando grande saggezza. Sa intuitivamente che se resta attaccato all'io inferiore, troverà un cammino irto di difficoltà e ripetute delusioni e sofferenze. A volte, mentre combatte la sua battaglia interiore, coglierà brevi sprazzi della bellezza del regno spirituale, e saprà che quella è l'Unica Realtà. Il regno spirituale è fatto d'armonia interiore, di giustizia perfetta, d'amore eterno. Con il passare del tempo, la persona comincia a riconoscere l'Unità di tutta la vita e capisce che non può più far del male agli altri perché la vita è un solo Uno; quindi far del male a un altro significa far del male a se stessa. Allo stesso tempo, questa persona riconosce che aiutare un altro significa aiutare se stessa, e la verità del "È meglio dare che ricevere" diventerà una realtà nella sua vita.

Il dottor Fleet afferma:

> Quando supererete il vostro io inferiore, quando supererete le cose che la gente ama di più e a cui si attacca con caparbia tenacia, l'ego e i piaceri fisici, allora vi lascerete alle spalle ogni confusione. Entrerete in una semplicità profondamente bella, una che potrà essere considerata sciocca dal resto del mondo invischiato nella sua rete di errori. Avrete raggiunto la saggezza suprema, e sarete in pace. Con l'ingresso nella sfera della realtà, opererete tutto senza sforzo, e affronterete e risolverete tutti i problemi. Vi concentrerete non sugli eventi mutevoli, ma sull'immutabile *principio* che è dietro tutte le cose. Avendo abbandonato la vostra negatività, il vostro egotismo, la vostra volontà di dominio, le vostre diffidenze e i vostri pregiudizi, entrerete in possesso della conoscenza dei mondi superiori. E cedendo tutto senza riserve, otterrete tutto; e troverete "la pace che passa la comprensione".

Ci sono quattro livelli d'espressione: fisico, mentale, emotivo e spirituale. Noi viviamo su tutti e quattro i piani e dobbiamo prenderci cura d'ogni aspetto del nostro essere. Un'affermazione onnicomprensiva che mi piace in particolar modo è: "Sto diventando consapevole della mia unità con l'Infinito". Questa frase adempie alla legge espressa da Cristo: "Cercate prima il Regno dei Cieli, e tutto il resto vi sarà dato in aggiunta". Potete cercare di pronunciare quest'affermazione quando vi coricate ogni sera; resterete sorpresi dalla differenza che farà nella vostra vita!

Le affermazioni come questa possono aiutarci a raggiungere, nel nostro lungo processo di evoluzione, la sesta fase della creazione, la coscienza cosmica. Infine, un giorno, in un'altra dimensione di consapevolezza, raggiungeremo la meta finale dell'evoluzione della coscienza, la completa unione dello spirito con se stesso, la fusione della coscienza di noi stessi con l'Uno, ma con una maggiore comprensione e illuminazione.

Come afferma il dottor Fleet:

> Solo quando smetteremo di contare sul nostro io fisico e mortale, e impareremo a fidarci incondizionatamente del Potere Creativo, saremo preparati a riunirci con l'Uno. E allora non proveremo più rimpianti, delusioni, solitudine e rimorsi; perché dove non c'è egoismo, non possono esserci queste sofferenze. Quando capiremo la profonda semplicità della coscienza spirituale, e avremo raggiunto un imparziale, tranquillo, beato stato mentale, sapremo che tutto quel che ci accade è per il nostro bene. Saremo soddisfatti, e non più servi dell'io, ma servi del Divino. Non avremo niente da difendere, niente da nascondere, niente da attaccare, e nessun interesse da custodire; saremo in pace.
>
> Diventare uno con l'Infinito è lo scopo dell'uomo, e il bene più grande di qualunque altra cosa che il mondo possa offrirci. L'uomo o la donna che ci riusciranno conosceranno il segreto dell'immortalità.

APPENDICE A
IL PROCESSO DI RILASSAMENTO

In primo luogo, spegnete le luci e assicuratevi che la stanza sia tranquilla e che non possiate essere disturbati. Allentate gli indumenti stretti e cercate di stare il più comodi possibile. Ora state per rilassarvi, un rilassamento totale, dalla cima della testa alla punta dei piedi. Cominciate con la respirazione, inspirate tre volte, molto lentamente, e a ogni respiro scivolate sempre più in uno stato di profondo rilassamento.

Ora la vostra respirazione torna regolare, ma a ogni respiro vi rilassate sempre di più. State respirando in modo tranquillo e regolare, dimentichi degli affanni della giornata, senza pensare a niente se non al vostro processo di rilassamento fisico, che vi consente di scivolare sempre più in fondo.

Ora partite dalla testa, tutti i muscoli della testa stanno cominciando a rilassarsi. Intorno al cranio, la fronte, dentro la testa, sta avendo luogo il completo rilassamento di questi muscoli, e non c'è alcun tipo di tensione. Ora questa sensazione di rilassamento vi pervade gli occhi, le palpebre, entra nelle orbite e rilassa tutti i sottili muscoli che circondano i globi oculari. Sentite le palpebre morbide e deboli, e rilassate. Nessuna tensione.

Il rilassamento sta scorrendo sul vostro volto, sui muscoli delle guance, sulla bocca, sulla lingua e sulla mascella, rilassando tutti i muscoli del mento. Liberatevi da ogni tensione e gustatevi questo rilassamento calmo e profondo. Questa meravigliosa sensazione sta scendendo lungo il collo, intorno alla gola, sulla nuca, e in questo modo tutta la regione della testa è rilassata.

La sensazione di rilassamento sta passando nelle spalle, sciogliendole da ogni tensione; abbandonatevi, abbandonatevi completamente, rilassando ogni muscolo di questa parte del corpo, e scendendo lungo le braccia, le mani e le dita. Ora le vostre spalle sono sciolte, molli, rilassate, e una calda, ma piacevole pesantezza discende sul vostro corpo mentre siete qui, in perfetto rilassamento, non pensando a niente se non alla pace del momento.

Adesso anche la regione toracica sta rispondendo a questa sensazione di rilassamento, e ogni tensione di quest'area scompare. Il vostro respiro è perfettamente rilassato e regolare, e la parte superiore del vostro tronco è completamente rilassata. Adesso state rilassando i muscoli dello stomaco – sempre di più – affinché ogni vostro respiro vi porti sempre più nel profondo.

Questa sensazione di rilassamento sta percorrendo adesso la vostra schiena, giù, lungo il meraviglioso intrico del midollo spinale che collega tutti i nervi del corpo e che si ramifica in tutto il sistema nervoso, rilassando tutti i nervi. Lasciatevi sprofondare sempre di più in questo meraviglioso stato di rilassamento, perché è bello lasciarsi andare così e dare ai vostri muscoli e ai vostri nervi l'occasione di rinnovarsi.

Ora tutti i muscoli e gli organi della parte inferiore del tronco si stanno rilassando. La vescica, i reni e gli organi connessi al sistema escretivo sono completamente rilassati. Non occorre che li visualizziate, vi basterà dare l'ordine alla vostra coscienza interiore: rilassati. I muscoli non saranno né troppo tesi né troppo sciolti, ma tutti in tono perfetto.

Questa sensazione di rilassamento sta scendendo nella regione lombare, nella regione pelvica e poi giù, nelle gambe, rilassando sempre di più ogni muscolo. Ci si sente davvero bene nell'essere così rilassati. Potete sentire questo profondo rilassamento che dai potenti muscoli dei glutei scende lungo le cosce, le ginocchia, le gambe, i polpacci, le caviglie, giù fino alle piante dei piedi, e finalmente siete del tutto immersi in una meravigliosa, calda sensazione di profonda pace e rilassamento.

Una sensazione di serenità, pace e tranquillità sta pervadendo tutto il vostro corpo, e vi sentite perfettamente bene. Vi sentite completamente calmi e in pace. Più rilassati di quanto non lo siete da tempo. Tutte le tensioni della settimana trascorsa hanno lasciato il vostro corpo, e mentre siete in questo stato rilassato, il vostro corpo è in grado di recuperare e di esprimersi in un modo molto più sano. Sappiamo che, quando siamo completamente rilassati come in questo momento, possiamo cominciare a dirigere il Potere Creativo Interiore affinché compia ogni aggiustamento necessario perché il corpo si esprima in maniera più sana, e lo sta facendo in questo momento.

Continuate a riposare per qualche altro istante, mentre lo Spirito Interiore riporta il vostro corpo in uno stato di funzionamento perfettamente normale.

APPENDICE B
SUGGESTIONI PER L'AUTOIPNOSI

Ecco un esempio di discorso induttivo, che potete usare così com'è, oppure adattarlo al vostro tipo di personalità. Se volete, potete registrare questo discorso come ausilio per imparare l'autoipnosi. Potete registrarlo con la vostra voce, oppure chiedere di farlo a qualcuno che abbia una voce piacevole e calda.

Ora che siete in una posizione comoda, con gli occhi chiusi, ascoltate solo il suono della voce, che vi aiuterà a rilassarvi ancora di più e a seguire le suggestioni che vi verranno fornite.

Immaginate di entrare nella hall di un grande albergo e di dirigervi verso gli ascensori. Premete il pulsante con la freccia verso il basso. Quando arriva il vostro ascensore, diventerà il vostro ascensore privato, perfettamente sicuro in ogni sua parte, che vi aiuterà a scendere sempre più in fondo alla vostra mente subconscia.

Ora l'ascensore sta arrivando, le porte si aprono e voi entrate. Alzate lo sguardo sopra le porte e guardate il pannello dei piani contrassegnati da 1 a 10, e la luce adesso è accesa sull'1. Al comando, il vostro ascensore comincerà a scendere, fino al decimo piano, proprio come quando vi trovate in un grande magazzino e scendete nel sotterraneo. Quando arriverete al decimo piano, entrerete in una stanza dove c'è un grande, morbido, comodo letto su cui vi sdraierete e vi godrete un meraviglioso riposo.

1. La tua fronte e le tue palpebre si stanno rilassando.
2. Rilassa i muscoli del collo e delle spalle.
3. Rilassa i muscoli delle braccia e delle mani. Sempre di più, a ogni respiro. Più ti rilassi, più a fondo entrerai in ipnosi.
4. Ora stai rilassando tutti i muscoli della schiena, dalle spalle verso il basso. Sentili sciolti e rilassati. Ti senti rilassato e comodo.
5. Stai cominciando a scivolare sempre più in fondo a mano a mano che rilassi i muscoli dell'addome e ti abbandoni. Abbandonati ancora. Senti il tuo respiro. Stai respirando lentamente e profondamente, e a ogni respiro scivoli sempre più in uno stato di ipnosi.
6. Ora stai rilassando i fianchi, le cosce e i glutei, e questa meravigliosa sensazione di rilassamento sta scorrendo nelle tue gambe. Ogni muscolo, nervo e fibra del tuo corpo adesso è completamente, profondamente rilassato.
7. Stai scivolando sempre più rapidamente e sempre più in fondo.

8. Ora le tue gambe e i tuoi piedi sono completamente rilassati, e sei in uno stato di profondo rilassamento dalla cima della testa alla punta dei piedi.
9. Ora che ti sei liberato da tutte le tensioni del corpo, queste tensioni non ti disturberanno più. Sei sempre più rilassato.
10. Ora il tuo ascensore è arrivato, e le porte si aprono, e tu entri in una stanza dove vedi un grande, morbido, comodo letto, tutto per te. Puoi avvicinarti e sdraiarti su questo letto, e lasciarti andare a un sonno ipnotico molto piacevole.

Il tuo corpo adesso è in uno stato di rilassamento totale. La tua mente è perfettamente a suo agio. La tua mente è tranquilla. Sei in uno sonno ipnotico molto piacevole e molto profondo. E la tua mente subconscia è consapevole di quello che sto dicendo e vuole obbedire a tutte le mie istruzioni, perché tu consciamente desideri di farlo.

Mentre sei in ipnosi, se dovesse sorgere qualche emergenza, tornerai immediatamente al tuo normale stato di veglia, e sarai pienamente consapevole e sveglio.

11. Quando sei pronto a svegliarti, ti basterà contare da uno a cinque, e al cinque tornerai alla tua normale coscienza esterna, sentendoti completamente rinfrancato e rinnovato in ogni tuo aspetto.

A questo punto inserite le vostre suggestioni.

Se non riuscite a rilassarvi completamente, usate un altro metodo per rendere il rilassamento ancor più profondo, come immaginarvi di camminare nel bosco, e vi sdraiate su un morbido prato verde, rilassandovi ulteriormente.

Ecco alcuni esempi di suggestioni che potete usare per particolari problemi.

Per dimagrire

Da adesso in poi consumerai pasti sempre meno abbondanti. Quando ti sederai a tavola, ogni tuo pasto sarà composto da porzioni più piccole di quelle a cui eri abituato. Il tuo appetito diminuisce. Il tuo appetito sta diminuendo e adesso vorrai meno cibo di quanto ne mangiavi normalmente. Sarà molto facile per te, perché stai scoprendo di non avere bisogno di tutto il cibo che mangiavi, e non avrai più fame. Porzioni sempre più piccole di cibo basteranno a saziarti, ma ti sentirai soddisfatto e in alcun modo desideroso di altro cibo.

Da adesso in poi ti atterrai scrupolosamente alla tua dieta, e ti piacerà. Hai tutta la forza di volontà e l'autodisciplina che ti occorrono per seguire questa dieta, e non sarà un sacrificio. Ti piacerà stare a dieta, perché vedrai gli etti che calano giorno dopo giorno.

Da questo giorno in poi consumerai pasti sempre più ridotti, completi dal punto di vista nutrizionale, ma poveri di grassi, e non proverai alcun desiderio di mangiare tra i pasti. Sarai in grado di resistere sempre più a lungo fra un pasto e l'altro, e non avrai bisogno di fare nessuno spuntino. Quando avrai finito il piatto, non sentirai alcun desiderio di una seconda porzione o di un dessert, e sarai in grado di arrivare al pasto successivo senza mangiare nulla nell'intervallo.

I cibi ingrassanti non ti attirano più. In effetti, il solo pensiero di mangiarli ti disgusta. Non desideri più cibi ingrassanti come gelati, caramelle, pasticcini e torte (o qualunque altro cibo sia il vostro preferito).

(A questo punto, immaginate di salire sulla bilancia e di vedere il vostro peso desiderato. Immaginate di indossare abiti che prima non vi entravano, e di vedere gli altri che vi fanno i complimenti. Questa visualizzazione deve durare almeno tre minuti).

Non permetterai che nulla si frapponga tra te e il tuo obiettivo di perdere _____ chili. E la tua mente subconscia ti sta aiutando a raggiungere quest'obiettivo, e quando lo raggiungerai, sarai perfettamente in grado di mantenerlo. E tutto questo si sta realizzando adesso.

Per smettere di fumare

La tua mente subconscia adesso sta totalmente cancellando il tuo vizio del fumo dai suoi archivi. Ha cancellato tutte le ragioni e i motivi che t'inducevano al fumo. Da adesso in poi non avrai assolutamente alcuna ragione per fumare; fumare non ti piace più. Perciò ripetiti mentalmente: "Questa è la fine del mio vizio del fumo. Adesso sono un non-fumatore". Mentre lo dici, sentiti compiaciuto. Sei molto felice di non aver più questo vizio. Il vizio del fumo è stato totalmente cancellato dalla tua vita. Completamente cancellato dagli archivi della tua mente subconscia, che adesso ti riconosce come un non-fumatore. Non hai bisogno di fumare, non vuoi fumare, e non ti piace fumare. Non provi alcun desiderio, nessuna tentazione a fumare di nuovo. Il fumo non esiste più nella tua vita. Penserai sempre a te stesso come a un non-fumatore.

(A questo punto visualizzatevi in varie scene in cui normalmente fumavate. Immaginate le stesse scene, ma con voi come non-fumatori, e vi sentite calmi e rilassati).

Non ti sentirai nervoso o irritabile, e non proverai alcuno degli effetti collaterali o dei sintomi da astinenza che accompagnano lo smettere di fumare. Ti sentirai perfettamente a tuo agio, sano e pieno d'energia. Non sostituirai il vizio del fumo con il cibo, né con altre abitudini indesiderate. Adesso sei un non-fumatore. La tua mente subconscia ti vede e ti accetta come un non-fumatore. Il fumo non esiste più nella tua vita e ti senti compiaciuto di questo. Sei molto orgoglioso di te per non essere più dipendente dal fumo.

Per acquisire fiducia in se stessi

La tua mente subconscia sta cancellando ogni ricordo, ogni idea che ti è stata inculcata sul fatto che non hai abbastanza fiducia in te stesso. La tua mente subconscia sta accettando l'immagine di te come persona del tutto sicura di sé. Da questo momento in poi non avrai difficoltà a realizzare qualunque cosa desideri. Hai tutta la sicurezza necessaria a gestire con successo la tua vita. La tua fiducia in te stesso cresce ogni giorno di più. Non avrai alcun tipo di difficoltà nel sentirti sicuro di te in ogni situazione. Ti stai vedendo così adesso.

(A questo punto cominciate a visualizzarvi in situazioni in cui prima vi sentivate insicuri. Immaginatevi sorridenti, felici, sicuri di voi, padroni della situazione).

Ogni giorno che passa acquisti sempre più fiducia in te stesso come persona meritevole e di valore, e stai sviluppando una vera forza interiore che ti sarà di grande aiuto nella vita di tutti i giorni. Adesso hai una nuova immagine di te come persona sicura, degna e meritevole, e svolgerai tutte le tue attività con sicurezza, in modo facile e senza fatica. Adesso sei in contatto con la tua vera sicurezza interiore, e sarai in grado di esprimerla al di fuori.

LETTURE CONSIGLIATE
in lingua italiana

Assagioli Roberto, *Psicosintesi*, Edizioni Mediterranee, 1991.

Bach Richard, *Illusioni*, Rizzoli, 1998.

Balch James e Phyllis Balch, *Secondo natura*, Longanesi, 1994.

Brourman Sherry e Randy Rodman, *Camminare bene per vivere meglio*, Pan, 2000.

Capra Fritjof, *Il Tao della Fisica*, Adelphi, 1989.

Fontana David, *Meditazione*, De Agostini, 2000.

Gawain Shakti, *Guida alla visualizzazione creativa*, Jackson Libri, 2001.

Heisenburg Werner, *Fisica e oltre. Incontri con i protagonisti 1920-1965*, Bollati Boringhieri, 1984.

Hill Napoleon, *Pensa e arricchisci te stesso*, Gribaudi, 2001.

Jaynes Julian, *Il crollo della mente bicamerale e l'origine della coscienza*, Adelphi, 1996.

Jung Carl Gustav, *Ricordi, sogni, riflessioni*, Rizzoli, 1998.

Keyes Ken jr., *Manuale per acquisire un livello di coscienza superiore. La scienza della felicità*, Astrolabio, 1977.

McKenna John, *Alternative agli antibiotici*, Xenia, 1997.

Merton Thomas, *La montagna dalle sette balze*, Garzanti, 1997.

Murray Michael e Joseph Pizzorno, *Enciclopedia della medicina naturale*, Sperling Paperback, 2000.

Peck Scott, *Voglia di bene*, Frassinelli, 1985.
Weil Andrei, *La migliore salute possibile. Un efficace programma in otto settimane per imparare a utilizzare pienamente il naturale potere di guarigione per il nostro organismo*, Corbaccio, 1998.

Weil Andrei, *Salute e guarigione*, Mondadori, 2000.

Whitman Walt, *Foglie d'erba*, Demetra, 2000.

In questa collana

Gilbert Oakley
COME AVERE PIÙ AMICI
Il segreto per farsi apprezzare

Il successo dipende molto dal modo in cui ci si mette in relazione con le altre persone, perciò è importante imparare a conoscere la propria vera natura. Siate più vitali. Rendetevi più interessanti. Imparate a potenziare al massimo le vostre qualità. In questo libro troverete tutto quello che occorre sapere per offrire l'immagine più giusta di voi stessi e per ottenere dagli altri una risposta positiva. Questa utile guida, probabilmente, è la cosa «più amichevole» che avete letto negli ultimi anni. Grazie ad essa, non sarete più soli.

Gilbert Oakley
IL POTERE DEL PENSIERO POSITIVO
La chiave del successo

Questo volume rivela il giusto modo per presentarsi agli altri, per potenziare la memoria, per trovare nuove occasioni di lavoro, per accrescere le proprie capacità e migliorare la propria situazione. Pensare in maniera positiva oltre ad aiutare nella realizzazione delle proprie aspirazioni rappresenta una valida risorsa in qualsiasi situazione, nella vita familiare, sociale e professionale. Il potere del pensiero positivo, ampliando gli orizzonti del lettore, renderà più interessante la sua vita. L'Autore spiega tutto ciò che si può realizzare con la forza del pensiero positivo e insegna come farlo.

Gilbert Oakley
IL POTERE DELL'AUTOIPNOSI
La chiave della fiducia in se stessi

Questo libro contiene la chiave per controllare la tua mente e migliorare la tua vita. Il controllo della mente sugli avvenimenti è la conquista di un atteggiamento mentale in una determinata situazione. Il controllo della mente sulla mente attraverso l'autoipnosi induce uno stato di ricettività automatica che ti consente di ricevere le suggestioni positive che rivolgi a te stesso, in base alle quali agire. L'autoipnosi ha anche numerose applicazioni terapeutiche e consente di vincere paure, fobie e cattive abitudini. I metodi descritti sono sorprendentemente semplici da seguire e da mettere in pratica.

HERMES EDIZIONI - Via Flaminia, 109 - 00196 Roma
Tel. 06/32.35.433 - Fax 06/32.36.277
ordinipv@edizionimediterranee.net - www.edizionimediterranee.net

In questa collana

Charles Bowness
ESERCIZI PRATICI DI MEDITAZIONE
Il potere del pensiero creativo

La pratica della meditazione sviluppa le capacità di concentrazione e di percezione, aiuta nel controllo della mente e conduce il praticante ad un armonico equilibrio con se stesso, con il mondo e con gli altri. La meditazione non è un sistema di fede o di culto: è una materia da apprendere e mettere in pratica nella vita quotidiana. Questo libro conduce ciascuno ad una pratica personale sulla base di istruzioni semplici ed efficaci; in particolare, la pratica della meditazione basata sui principi delle tecniche e posizioni yoga e sui relativi esercizi di respirazione. Gli esercizi e le spiegazioni guidano il lettore ai livelli superiori di coscienza, fino alla completa realizzazione di sé.

R. Michael Miller
MANUALE PRATICO DELL'ENERGIA PSICHICA
Corso illustrato - 80 fotografie

Un corso graduale di esercizi per lo sviluppo delle energie e delle facoltà psichiche. L'Autore mostra come tale energia sia generata da tutte le forme di vita, e insegna come controllare e usare praticamente l'energia psichica. Illustrato da numerose ed efficaci fotografie, il volume offre un programma progressivo di esercizi, tra cui: La "pulizia" psichica - La comunicazione psichica - La sintonia psichica - L'autodifesa psichica - Telepatia e chiaroveggenza - Lo scambio di energie - I campi di forza - La psicometria - Esercizi individuali - Energia di gruppo.

Simon Edmunds
I POTERI DELL'IPNOSI
Per lo sviluppo delle facoltà ESP:
psicometria - viaggi nel tempo - chiaroveggenza - precognizione

L'ipnosi induce la suggestione. Negli spettacoli, spesso si vedono soggetti che obbediscono ciecamente ad ordini e suggestioni impartiti da un ipnotista. Tali esibizioni sono autentiche. Quasi tutti, con tecniche diverse, possono venire ipnotizzati. Una volta posti in tale stato, è anche facile risalire alle origini delle malattie dei soggetti e trovarvi i rimedi più adatti. Si possono inoltre indurre suggestioni postipnotiche per dissuadere i soggetti dal fumare, dal bere e così via. L'ipnosi consente, tra l'altro, di far ricordare esperienze dimenticate, o addirittura far regredire il soggetto ad esistenze precedenti. L'autoipnosi è anche di aiuto per risvegliare e attivare facoltà paranormali, quali la chiaroveggenza, la telepatia, la precognizione, i viaggi nel tempo e simili.

HERMES EDIZIONI - Via Flaminia, 109 - 00196 Roma

Tel. 06/32.35.433 - Fax 06/32.36.277

ordinipv@edizionimediterranee.net - www.edizionimediterranee.net

In questa collana

Steve Richards
L'ARTE DELL'INVISIBILITÀ
Tecniche antiche e moderne

L'arte o capacità di rendersi invisibili a volontà torna costantemente nelle tecniche e nei rituali iniziatici di tutte le civiltà e di tutti i tempi. L'Autore spiega in che cosa consista effettivamente, chiarisce le modalità per rendersi invisibili, traccia una storia dettagliata dell'arte dell'invisibilità e ne illustra tutte le tecniche. Giungere a conseguire l'invisiblità è quindi possibile, ma solo come risultato di una serie di esercizi – accuratamente descritti – che attingono in gran parte alle tecniche segrete dei Rosacroce, le quali si ispirano a loro volta a rituali molto più antichi. Tradizione, Magia e Alchimia si fondono per dar luogo a questo straordinario potere, che è proprio degli iniziati e che il più delle volte si unisce ad altre facoltà paranormali quali il "terzo occhio" o chiaroveggenza, nelle sue diverse forme, e lo sdoppiamento astrale, o viaggio fuori dal corpo.

Silvio De Rosa
TECNICHE DI DOMINAZIONE MAGICA E VERBALE
Uso operativo del potenziale magico individuale

Quest'opera si occupa esclusivamente di magia positiva. Essa fornisce al lettore alcuni insegnamenti per migliorare, evolvere e affermarsi in qualsiasi struttura e contesto sociale, e per realizzare quanto desidera in ogni campo della vita, da quello economico a quello sentimentale. L'Autore indica al lettore la strada da seguire per poter ottimizzare ed aumentare le proprie potenzialità personali nel loro aspetto affettivo-amoroso ed in quello del lavoro, della salute e della fortuna. Si tratta di un'opera chiarissima e di piacevole lettura; tutte le esperienze esposte sono facilmente realizzabili e di grande efficacia. La struttura del testo – ad apprendimento sequenziale – unisce una grande razionalità d'impostazione alla facilità di realizzare le tecniche magiche.

Colin Bennet
TEORIA E PRATICA DEL VIAGGIO NEL TEMPO
Come risalire alle vite precedenti

In alcuni momenti si ha la sensazione di essere già stati in un luogo o di aver già compiuto un determinato gesto: sono esperienze tuttavia che ci affrettiamo a dimenticare o razionalizzare appena passato il momento "magico". In realtà, si tratta di appelli che ci giungono dalle nostre esperienze passate. Seguendo le istruzioni contenute in questo libro, è possibile ripercorrere all'indietro la nostra "storia spirituale" risalendo alle vite precedenti. Ci saranno d'aiuto numerose ed efficaci tecniche, come il magnetismo personale, la proiezione psichica e la visione dell'aura. Questi procedimenti sono qui esposti dettagliatamente e danno a chiunque l'opportunità di fare un vero e proprio "tuffo nel proprio passato".

HERMES EDIZIONI - Via Flaminia, 109 - 00196 Roma
Tel. 06/32.35.433 - Fax 06/32.36.277
ordinipv@edizionimediterranee.net - www.edizionimediterranee.net

<u>In questa collana</u>

Bruce Goldberg
IL LIBRO COMPLETO DELL'AUTODIFESA PSICHICA
Come utilizzare la protezione della Luce

Quali forze invisibili vi stanno attaccando?
Ogni giorno siete esposti ad attacchi psichici. Essi possono manifestarsi con sfortuna, malesseri fisici, incidenti e perfino nevrosi. La maggior parte degli attacchi psichici arriva sotto forma di inquinamento acustico e materiale, minacce di violenza, persone negative e messaggi pubblicitari. Una piccola percentuale è dovuta a spiriti burloni e a entità negative.
L'unica protezione consiste nell'aura, lo scudo elettromagnetico che circonda il corpo fisico. Se mantenete forte questo campo energetico, nessun attacco psichico può nuocervi.
Questo libro svela i risultati dei più recenti studi sui campi energetici, i chakra, la magia bianca, la magia nera, la possessione e i vampiri di energia.
Imparerete come "diagnosticare" e contrastare gli attacchi psichici con un programma in sei fasi per l'autodifesa psichica. Oltre 55 esercizi vi aiuteranno ad attuare una immediata difesa di voi stessi e degli altri. Il Dott. Goldberg spiega i vari tipi di assalti psichici attraverso i casi clinici trattati durante la sua attività di ipnosi terapeutica e indica come reagire.

Cosa dovete sapere per proteggervi dagli assalti psichici:
- I sintomi classici di un attacco psichico
- Le tre cause più comuni di un attacco psichico
- Come mettersi in contatto con entità positive e con gli spiriti guida
- Quando si dovrebbe consultare un demonologo
- Come rafforzare la vostra aura e proteggere voi stessi e gli altri contro ogni forma di attacco psichico
- La verità sulla magia nera e le forze del male
- Tecniche elementari ed avanzate per realizzare la protezione psichica
- Le emozioni negative che rendono vulnerabili agli attacchi psichici
- Come affrontare i cinque principali tipi di "vampiri energetici" o "parassiti psichici".

UN PROGRAMMA ESCLUSIVO IN SEI FASI PER L'AUTODIFESA PSICHICA

"È il libro giusto al momento giusto: una guida importante e molto utile. Vi consiglio davvero di leggerla".

BRAD STEIGER, *Returning from the light*

HERMES EDIZIONI - Via Flaminia, 109 - 00196 Roma
Tel. 06/32.35.433 - Fax 06/32.36.277
ordinipv@edizionimediterranee.net - www.edizionimediterranee.net

Placide Gaboury

MANUALE PRATICO DELL'EVOLUZIONE INTERIORE

Una guida alla ricerca del Sé

Questo libro è stato scritto soprattutto per coloro che desiderano impegnarsi in una ricerca sul cammino spirituale.
È indirizzato a quelle persone che sono alla ricerca di un'esperienza interiore e personale, libera ed aperta su tradizioni diverse.
Inoltre, può servire come accompagnamento a coloro che, in mancanza di un maestro, debbono cercare di risolvere da soli i loro problemi spirituali.
L'Autore prende in considerazione la maggior parte degli aspetti della vita interiore, ma senza mai dissociarli dalla vita più concreta, creando un percorso circolare in cui si alternano e si confrontano questioni teoriche e pratiche.

• La Spiritualità pura • La Via • Il Ritorno • Nutrimento e corpo • Ci vuole un Guru • Note sul Sé
• Silenzio, solitudine, meditazione • Il gruppo spirituale
• Niente e nessuno mi può impedire di crescere • Il Cristo-Sé • Il mentale è bugiardo • La Comunione piena
• Karma • La Preghiera • La contemplazione • Il Sé non soffre • La ricerca della felicità • Morire • Amare • Credenza e fede • Azione e inazione • Avidya • Dall'interno della prigione • Lo psichico e lo spirituale • La prossima tappa dell'uomo

---

HERMES EDIZIONI - Via Flaminia, 109 - 00196 Roma
Tel. 06/32.35.433 - Fax 06/32.36.277
ordinipv@edizionimediterranee.net - www.edizionimediterranee.net

Finito di stampare nel mese di novembre 2002
presso la Tipografia S.T.A.R.
Via L. Arati, 12 – 00151 Roma